华尔街经典译丛 · 02

U0889661

股票大作手操盘术

（第二版）

［美］杰西·利弗莫尔　著
何　君　译

地震出版社
Seismological Press

图书在版编目（CIP）数据

股票大作手操盘术/（美）利弗莫尔（Livermore，J.）著；何君译.
—2版.—北京：地震出版社，2016.6（2022.3重印）
书名原文：How to Trade in Stocks
ISBN 978-7-5028-4737-1

Ⅰ.①股… Ⅱ.①利…②何… Ⅲ.①股票交易—基本知识
Ⅳ.①F830.91

中国版本图书馆CIP数据核字（2016）第059922号

地震版 XM5195

股票大作手操盘术（第二版）
［美］杰西·利弗莫尔 著
何 君 译
责任编辑：朱 叶
责任校对：孔景宽

出版发行：地震出版社
北京市海淀区民族大学南路9号 邮编：100081
发行部：68423031 68467991 传真：68467991
总编办：68462709 68423029
证券图书事业部：68426052
http：//seismologicalpress.com
E-mail：zqbj68426052@163.com
经销：全国各地新华书店
印刷：北京广达印刷有限公司

版（印）次：2016年6月第二版 2022年3月第四次印刷
开本：787×1092 1/16
字数：93千字
印张：6.25
书号：ISBN 978-7-5028-4737-1/F（5433）
定价：22.00元

目　　录

原著序

杰西·利弗莫尔是华尔街投机领域一颗最耀眼的明星。少年时，他像一颗彗星划过投机界的天空，一跃成为以“少年赌客”著称的百万富翁。之后，杰西·利弗莫尔就一直是公众眼中的股市代理人。

杰西·利弗莫尔是一个不折不扣的赌徒，他的操作规模曾经一度让整个华尔街窒息。利弗莫尔从不会盲目出击，他的每一次操作都带着奇异天才的色彩，无止境的研究与不可思议的耐心是他成功的基础。

40年来，杰西·利弗莫尔一直狂热地研究美国和世界的经济状况；也就是这40年，利弗莫尔一直研究着投机市场，谈论着投机市场，做梦都是投机市场，他的生活中到处充斥着投机市场。他在投机市场不断地进行交易，价格运动塞满了他的整个世界，他研究的就是如何正确地预测股价的走向。

我一直很荣幸能私下里结识一些这个时代的伟大投机者，近距离观察他们令人着迷的交易方式。就学识和天赋来看，我认为杰西·利弗莫尔是世纪之交以来最伟大的投机者和市场分析师。我曾在我的一本书中做过这样的描述：“他的每一分钱都可以被剥夺，但只要给他一个证券经纪人信用账户，然后将他锁在一个带有股票自动报价机的房间里。几个月之后，他便可以带着一大笔财富重新出现。”这足以表明他多么的有天赋！

15 岁的利弗莫尔制造了他人生的第一次轰动。他用面额 5 美元的 200 张钞票铺满了他母亲的大腿，这是他从股市赚得的第一桶金。

第二次轰动是利弗莫尔在一家经纪人公司做行情抄写员的时候，竟然只用一年时间就完成了四年的数学课程。

从那儿以后，杰西·利弗莫尔总是引起市场的轰动。对于那些对投机感兴趣的人来说，这本小书即使不会造成轰动，至少也会是一个令人意外的开始。

原因很简单，在投机市场中，每一个伟大的投机者都有一套自己的交易方法，有一套如何确定把大量的资金究竟冒险押注在哪只股票上的研究流程。投机者们将这些方法如同国家机密一样地保卫着，有时是因为虚荣心或猜疑心，但更多地是因为非常现实的理由。

当利弗莫尔以其特有的坦诚揭开投机交易的神秘面纱，向公众揭露他将时间因素和股价变动结合起来的交易规则时，他就因为自身的毫无保留，成了整个时代一流的投机者中公众最注目的焦点。利弗莫尔将自己 40 年来对投机交易的研究成果展现在了读者的面前。

杰西·利弗莫尔——这个杰出的投机者，又亲手开启了他绚美人生中的一个新篇章。

爱德华·杰罗姆·蒂尔斯

译 者 序

翻译完《股票作手回忆录》后，我开始了杰西·利弗莫尔亲自撰写的《利弗莫尔股票操盘术——综合时间因素和价格的利弗莫尔公式》一书的翻译。

首先请读者原谅，我不得不先说一些题外话。

投机或许是世界上最残酷的职业。20 世纪 30 年代的再一次破产不但洗劫了这位投机天才的巨额财富，同时也剥夺了他的“精气神”。《股票作手回忆录》中睿智、坚定，甚至是冷酷的作手形象烟飞云散了；败走麦城的末路英雄在本书中给我的感觉是一个谨小慎微而郁郁寡欢的学者，即使偶尔一现当年的霸气和杀气也都会很快收敛，恢复到中规中矩的模样。这样的反差确实让我很是伤感和难受，也深刻理解利弗莫尔在本书第一自然段所说的话——**投机不是谁都可以玩的。**

我们还是回到本书的主题上来。事实上，本书从出版后一直受到了广大读者的关注[①]，甚至有人在原著的基础上进行了阐述，并开发出所谓的交易软件。对于这本利弗莫尔唯一的亲笔著作，所有的读者都关心三件事情：

A：利弗莫尔真的在本书中把自己的交易原理

---

① 注：遗憾的是，本书 1940 年第一版的时候未能获得读者的关注。

与模式和盘托出了吗？

B：如果他的方法真的有用，为什么他最后会破产呢？

C：如何学习他的交易方法呢？

翻译其实是一种精读的方式，我建议有心的读者最好自己阅读华尔街大师经典著作的英文版本。在翻译完本书之后，对于上述三个问题，我个人的观点是：

A：以利弗莫尔的性格和经历，我认为他和盘托出了自己的交易原理和模式。

B：利弗莫尔最后一次的破产，主要原因在于当时出台了新的交易法规，并导致市场变得狭窄了。他的大规模交易头寸本身成为了影响市场走势的主要因素，因此他也就成为了其他主力资金的猎杀对象。因为利弗莫尔的交易模式很大程度上是“跟庄”模式，当他自己成为了最主要的资金来源时，这个模式自然也就失效了。

C：按照利弗莫尔在本书中一直强调的，自己亲自动手研究他提供的交易记录。

有人说，本书仅仅是一本阐述股市大道理的图书，我不是很认同这个观点；相反，我认为本书是一本极具价值的交易技术的书籍。本书的交易技术即使在现在的中国股市也是很有价值的，很难想象当年利弗莫尔是如何总结出来的。例如关于“进场点”①，我个人理解利弗莫尔用数据很精确表达出了这样一个概念：**大周期的下跌背离，而小周期的回升不背离，这个时候就是“进场点”。**

本书对利弗莫尔的真实记录（第十章）做了精心编辑，以方便读者理解。

① 注：不是关键心理点。关键心理点在技术上是另外一回事。

对于利弗莫尔的交易技术，我自知才疏学浅。我在这里不能用个人体会去引导读者自己的学习和研究。我相信，任何一个有心的读者都会有自己独特的认识和感悟的。

当然，利弗莫尔也的的确确在本书中阐述了股市中的大道理——投机不是谁都可以玩的。

让我们一起向最伟大的作手——杰西·利弗莫尔——致敬！

何　君

2012 年 6 月于北京

第一章　投机的挑战

投机交易是世界上最具魔力的游戏。但是，这个游戏愚蠢的人不能玩；一根筋的人不能玩；情绪化的人不能玩，试图一夜暴富的冒险家同样也不适合。如果他们贸然参与这个游戏，这个游戏会玩死他们，至死都是一贫如洗。

我已经很多年不怎么出席有陌生人的晚宴了。因为总是有人会在我旁边坐下，稍做寒暄之后便开始询问我：

“我怎样才能在股市上挣到钱?”

在年轻的时候，面对那些希望在股市上快速而又轻松挣到钱的人，我要么很耐心地解释他们会遇到的各种难题；要么我得使劲找出各种借口，礼貌地从困境中脱身。最近这些年，我的答案只剩下生硬的“不知道”。

要对这样的人有耐心真的很难。其他的不说，对于一个对投资与投机做过科学研究的人来说，这样的提问实在算不上是恭维。这事实上很不公平，几乎没有人会拿同样的问题去问一个律师或者是外科医生：

“我怎样才能从法律方面或外科手术上快速地挣到一些钱?”

然而，我相信：如果有一份投资与投机指南的话，大多数对其感兴趣的人是会认真学习和研究的，从而在股市上获得他们应得的赢利。本书就是为他们而准备的。

我终身都在从事投机事业。本书介绍了我在投机生涯中一些不同寻常的亲身经历——有失败的，也有成功的，同时还包括了失败的教训以及成功的经验。在本书中，交易中的时间要素理论贯穿了始终。我认为，要进行成功的投机交易，时间要素始终都是最重要的因素。

在我们开始之前，请允许我提醒你：你获得的成功将与你在自身努力中所体现出来的真心与诚实成正比。你必须自己做行情记录，自己独立思考，得出你自己的结论。谁也不会傻到自己阅读《如何保持体形》却让别人替代自己锻炼。因此，如果你诚心想遵循我的规则，你也不会将行情记录的工作假手他人。我的规则是将时间要素和价格两者结合起来。这将在随后的章节中阐述。

我只能做你的引路人。如果通过我的指导，你能在股市中赢利，我将倍感欣慰。

本书主要面向有投机倾向的读者。我要向他们阐述我多年来在投资和投机实践中累积的一些观点和想法。投机交易是一项事业，任何想要投机成功的人都必须用严肃的态度来对待自己所从事的这份事业，而不是像很多外行一样纯粹把投机视为一场赌博。如果你认同我的观点——投机就是一项事业，那么参与这项事业的人就应该下决心研究自己所能接触到的所有数据和信息，竭尽全力领悟这项事业的要领，达到自己所能达到的最高境界。在过去的40年中，我一直致力于把投机交易发展成一项成功的事业，并且已经发现了一些适用于这项事业的规则，我还将努力发现新的规则。

许多个夜晚，我都辗转反侧，思考为什么自己没能预见到一段即将到来的行情。凌晨醒来，脑子里往往出现一些新点子。于是我焦急地等待天亮，以便用股市的历史记录来判别这些新点子是否有价值。大多数情况下，这些新点子远远称不上100%正确，但其中一些有用的因素会储存在我的潜意识中。或许再过一会儿，另外一个新的点子又会在脑子里形成，我又会立即开始仔细论证它是否正确。

随着时间的推移，这些各式各样的想法开始明朗化，而我也能开发出一套系统的方法来记录股市的行情，并以新方法记录的股市行情作为研判市场未来走向的指南针。

就我自己还算满意的程度而言，我的理论和实践证明：在证券市场和商品期货市场交易，无论是投机还是投资，从来都没有发生过什么新鲜事。在某些市场条件下，我们应当进行投机交易；同样确定的事实是，在某些市场条件下，我们不能进行投机交易。古话说得好：“你可以赢得一场赛马，但你不可能赢得所有赛马。”在股票市场操作上同样如此，有些时候进行股票投机和投资确实能获利，但不可能一年中天天赢利，周周赚钱。只有好高骛远的莽夫才会试图这样做，因为这是不可能的、无法做到的事。

要想投资或投机成功，投资者必须就某只特定股票的下一步重要市场动向形成自己的判断。投机的本质就是预测即将到来的市场趋势。为了正确地预测趋势，我们必须构建一个坚实的基础。举例来说，在某一则新闻公布后，我们必须从市场的角度，分析该新闻对证券市场可能造成的影响。尽力预测这则特定新闻对市场投资者所造成的心理效应，尤其是那些与此新闻有直接利害关系的特定人群；以及由此会形成的什么样的整体市场预期。如果你判定该新闻可能导致一个明确的看涨或看跌的市场预期，先不要轻率地认定自己的观点，要等到市场本身的走势验证你的观点之后，才可以对你自己的观点下定论。因为很有可能该新闻对市场产生的效应不会像你之前判断的那样明确。

让我们举例说明：某一个特定的时期，市场已经形成了一个明确的趋势，一则看涨或看跌的新闻可能不会对市场产生任何微小的影响。此时市场本身可能已经处于超买或超卖的状态，市场就会忽略这则新闻。在这样的情形下，相似条件下的股市历史行情走势记录就具有了不可估量的价值。此时，我们必须完全抛弃对市场的个人观点，**将注意力集中于市场本身的表现。**市场永远不会错，错的是个人的市场判断。个人观点在此时此刻毫无价值，除非市场表现跟我们的观点一致。今天，没有任何个人或机构能人为制造行情或中止行情。

某个投资者可能会对某只股票形成自己的判断，相信该股将会有一个明确的上升或下跌的趋势，这个判断最终也证明是正确的。即便如此，他依然有可能遭受损失。他很可能进场的时机不对，因为他的判断或是行动快了市场半拍。由于他相信自己的判断是正确的，所以立即行动。结果发现进场建仓后股价却向相反的方向运动，随后股价在小幅区间波动，行情变得越来越胶着，该投资者变得疲惫不堪，只能平仓离开。或许几天之后，行情好像又按照他判断的走势运动了，于是该投资者再次进场。结果一入市，市场再次转向相反的方向。于是，他再一次开始怀疑自己的判断，再一次平仓离开。终于，行情启动了。先前的急于求成，已经导致他两次进场失误，投资者或许就丧失了第三次进场的勇气；也可能他已经在其他地方进场下单，没有能力再增加新的头寸了。总之，由于入市过早，等到这只股票行情真正启动时，他已经失去了机会。

我这里想强调的是：对特定股票或板块形成明确的判断后，先不要急于一头扎进去，要等待并观察市场的实际走势。行动必须要找到最根本的依据。例如，一只股票现在的市价是 25.00 美元左右，并且已经在 22.00 美元到 28.00 美元徘徊了很长一段时间。假设你判断该股最终将上涨到 50.00 美元。也就是说，你判断它会有一个翻番行情，从现在的 25.00 美元上涨到 50.00 美元。你必须耐心地等待，直到该股变得活跃起来，并创出新高——比如说 30.00 美元左右。此时，市场验证了你的判断，该股同时也进入了非常强势的状态，否则它不会涨到 30.00 美元。既然股价涨到了 30.00 美元，说明它很有可能已经进入了非常明确的上涨趋势——好戏开场了。此刻，才是为自己的判断下结论的时候。你完全没有必要因为没有在 25.00 美元买进而懊恼。假如你那个位置买进了，你很可能因为漫长地等待而变得疲惫不堪。在忍无可忍的情况下，在行情即将发动之前你选择了平仓离场。也正因为你的平仓价格较低，你会悔恨不已，以至于真正的买进时机来临的时候，你却没有再次入市买进①。

我的实践证明：真正从投机交易中赢得的利润，都是来自那些一开始就有赢利的头寸。接下来，我会用一些我实际操作的交易做案例。从这些案例中你会发现，我选择在一个关键的心理时刻开始第一次交易——这个时刻就是行情力度足够强劲，强劲到该股只能顺势往前冲的时刻。这只股票之所以继续往前冲并不是因为我的操作，而是因为它背后的力量是如此的强大：它只能往前冲，而它的确也在往前冲。当然有很多时候，我也像许多其他投机者一样，没有足够的耐心等到这样百发百中的时机，因为我也想时时刻刻赢利。你可能会说："你有那么多的经验，为什么还会允许自己有这样的想法?"答案是，我也是人，我也有人性的弱点。同所有的投机者一样，我有时候也会因为失去耐心，不能做出良好的判断。

投机交易酷似玩纸牌游戏，无论是扑克牌、桥牌还是其他方式的玩法。我们每个人都有共同的弱点：每一把牌都想赢，每一把牌都想参与。这种人性的弱点我们每个人都不同程度的拥有，这是投资者和投机者最大的敌人。如果不采取防范措施，它最终将导致我们的失败。满怀希望是人性特质的一面，担惊受怕则是另外的一面。但是如果把希望和恐惧两种情绪带到投机交易中，我们将面临着可怕的危机，因为我们很容易将这两种情绪弄混淆了——也就是在本该希望的时候恐惧，本该恐惧的时候却满怀希望。来看看下面的例子：

---

①　译注：这个时候的买进价格通常会高于先前的平仓价格。

假如你以 30.00 美元[①]买入一只股票，第二天该股急速拉升到 32.00 美元或 32.50 美元。此时，你的恐惧情绪上来了。如果不获利了结，股价第二天可能会下跌，你将眼睁睁地看着到手的利润消失殆尽。因此，就在最应该满怀希望的时候，你却因为恐惧而平仓了，就为了获得一点点的利润。为什么要担心丢掉那 2 个点的利润呢？这点小利润其实在前一天根本还不属于你。如果你一天之内就能获利 2 个点，第二天可能也会获利 2 个甚至 3 个点，或许下一周就能再获利 5 个点。只要一只股票表现对头，市场行情对头，就不要急着获利了结。市场证明了你的预测是正确的，否则你根本就不会获利。让利润奔跑吧，你跟随着它一起奔跑！只要市场没有出现让你担心的走势，就要勇敢地坚定自己的信念，继续持有自己的筹码，表现对头的股票可能会持续上涨，给你带来一笔可观的利润。与之相反，假如你以 30.00 美元买入某只股票，第二天股价下跌到 28.00 美元，也就是说你损失了 2 个点。但你此时通常会看成是股价正常的短暂调整，不会害怕股价在接下来的一天里可能会下跌 3 个点甚至更多。你相信第二天股价肯定还会回到原来的点位。事实上，这种情形才是你应该担心的时候。因为这 2 个点的下跌之后，接下来的第三天可能还会继续下跌 2 个点，或许未来的一两周之内会下跌 5 个甚至 10 个点。此时此刻你应该恐惧，必须止损离场，否则接下来你可能会深度套牢。是时候保护你自己了，手起刀落，在发生更大比例的亏损之前卖掉股票！

利润总是能照顾自己，亏损却永不会自动了结。我们应该对最初的小额损失采取止损措施，以免遭受重大损失。这样做，我们就可以维护好自己的资本账户，以便在将来的某个时候有

---

① 译注：在美国股市中，1 个点对于股票来说就等于是 1 美元。

建设性的想法时，我们还能建立新的头寸，买进与过去犯错误时同等金额的股票。投机者必须充当自己的保险经纪人。要想持续从事该项事业，唯一的方法就是保护好他的资本账户，决不允许自己损失过多。我们不能让自己陷于这样的窘境：未来的某个时候对股市做出了正确判断时，却没有足够的资金进行操作。

我相信，成功的投资者或投机者不管入市做多还是做空，事前必定有充分的依据；同时他会通过某种具体的交易指南，确定第一次入市建立头寸的时机。

请允许我再重复一遍：一定有某些时候，股市会沿着一种清晰的趋势①运行。我坚信任何一个有投机天分并且有耐心的投机者都会锁定这样的时刻，运用某种具体的方法作为指南，正确判断出第一次建仓的时机。成功的投机绝不仅仅是简单的猜测。要想在市场一致性赢利，我们必须运用一套交易模式作为操作指南。我个人所运用的某些指南，对某些投机者来说可能没有什么价值。为什么会这样呢？既然这些指南能为我带来巨大的价值，为什么对你却不能同等适用呢？答案是——**没有任何交易指南是100%正确的。**当我运用了某项我偏爱的指南，我很清楚利用这个指南对应的后市表现的结果。假如我买进的股票表现的不像我预测的那样运动，我会立即判定时机还不成熟，然后平仓离场。或许几天之后，根据我所运用的指南，我应该再次入市，我就再次杀入，或许这次时机就是100%正确的。我相信，随着时间的推移，任何一个愿意花费时间和精力去研究股价走势的投机者，都能够开发出一套交易模式作为自己未来操作和投资的指南。本书中我将会介绍一些观点，我亲身的交易实践证明了它们在投机交易中很有价值。

很多交易者都保存着股价平均指数的图表或记录。他们花

① 译注：也可以理解为路径，就是历史上曾出现过的典型走势形态与结构。

费大量的时间和精力研究图表和记录，毫无疑问，那些股价平均指数的图表有时的确能指示出股价明显趋势。对我个人而言，那些图表从来没有什么吸引力。我认为图表经常混淆不清。不过，对于行情记录的研究，我倒是像其他投资者对保存图表一样地狂热。或许他们是对的我是错的吧。

我之所以偏爱行情记录，是因为我采用的行情记录方法能让我更清楚股市此时此刻正在干什么。等到我开始把时间要素考虑进去的时候，我所做的行情记录才能真正的帮助我预测即将到来的市场重要动向。我相信依靠正确的行情记录，并把时间要素（稍后我会就此做详细解释）考虑进去的话，投机者可以相当准确地预测即将到来的市场重要动向。不过，这需要耐心。

投机者把精力放在特定的某只股票和几个板块上，尽量熟悉它们，亲手记录它们的行情，将时间因素与行情记录正确地融合在一起，迟早你能预测出重要的市场动向何时到来。如果你能正确解读你自己做的行情记录，你就能从任何一个板块中挑选出龙头股。我再重申一遍，你必须自己做行情记录，你必须自己记录行情数据，不能让别的任何人代劳。

如果这样做了，你会非常惊讶地发现会有许多新的想法在你脑中形成。而这些想法是别人给不了你的，因为这些想法是你自己发现的，是你的秘密，你可以选择保密。

本书中，我提出了一些投资者和投机者的禁忌。其中首要的规则之一就是：绝不能把投机与投资混为一谈。投资者经常遭受重大损失没有其他原因，就是他们采用投机的方式买进投资型的股票。

你经常会听到某个投资者说，“我不必担心股价波动或保证金追缴。我从不进行投机操作。我买股票是为了投资不是投机，如果股价下跌，迟早会涨回来的。”

然而不幸的是，这些投资者当时买进的投资型股票，买进时还是很好的投资品种，不久便遭遇了市场条件的悲剧性变化。所谓的“投资”经常变成纯粹的“投机”，其中一些股票品种干脆被停止了市场交易，完全从市场上消失了；投资者的资金因此蒸发成了空气，原本的“投资”也随着资金的蒸发变成了空谈。为什么会发生这样的事情呢？是因为那些投资者没有意识到，那些所谓的“投资型股票”可能在未来被迫面临新的市场环境，并危及到这些长期性投资型股票的赢利能力。当投资者意识到这种变化时，他的投资已经大幅贬值了。因此，投资者必须像那些成功的投机者保护自己的投机资产一样，保护好自己的资产账户。如果能这样做的话，那些喜欢称自己为“投资者”的人就不会在未来被迫变成最不情愿的投机者了，他的信托基金账户也不会产生巨大的亏损了。

你应该还能回忆起，几年前把钱投资到纽约·纽黑文·哈特福德铁路公司上被认为比存在银行还安全。1902 年 4 月 28 号，纽黑文的股价为每股 255 美元。1906 年 12 月芝加哥·密尔沃基·圣保罗铁路公司的股价为每股 199.62 美元。同年 1 月芝加哥·西北铁路公司的股价为每股 240 美元。同年 2 月 9 号美国北方铁路公司股价为每股 348 美元。当时这些公司全都支付高比例的分红。

现在再看看这些早期的投资型股票。1940 年 1 月 2 号，它们的股票报价如下：纽约·纽黑文·哈特福德铁路公司股价每股 0.50 美元；芝加哥·西北铁路公司 5/16 点，大概为每股 0.31 美元；美国北方铁路公司每股 26.62 美元。1940 年 1 月 2 号，芝加哥·密尔沃基·圣保罗铁路公司无报价，1940 年 1 月 5 号报价每股 0.25 美元。

很容易就能找出成百上千只这样的股票，它们在我那个年代被认为是金边证券，而现在却几乎或根本一文不值。过去那些极好的投资对象黯然谢幕，那些所谓的保守投资者的财富也随即烟消云散，源源不断地落进了别人的口袋。

市场中的投机者也有赔钱的时候。但是我相信这么说是正确的：与那些长期持股的所谓投资者遭受的庞大损失相比较，投机者遭受的损失只能算是小数目。

从我的观点来看，这种投资者是彻底的赌徒，他们买进股票后就一直持有。如果股价大跌了，他们就玩完了。可能在他们买进那些股票的时候，投机者也在同一时间买入。但做过行情记录的聪明投机者——假如他真的做过的话，会意识到危险信号警告他将有不好的情况发生。投机者就会立即采取行动，将损失降到最低，然后等待一个更有利的时机再次入市。

当股价开始下跌时，没人能知道它会跌到什么程度；同样，当某只股票处于显著的上涨趋势时，没人能猜到股价最终会涨到多少。有些规则应该牢记，其中一条就是：绝不要因为一只股票的价格看起来很高就卖出。你可能会看着股价从 10 美元涨到 50 美元，就判定股价已经处于过高水平。此时，你应该判断，在股票收益与公司管理状况都很好的情况下，究竟会是什么因素阻止股价从 50 美元涨到 150 美元。在一段很长的上涨趋势后，很多投机者都会认为股价似乎涨过头了，因此卖空手中的股票而遭受了损失。

与之相反，同样不要因为相对前期的高价，某只股票已经下跌了很大幅度而买进。股价下跌可能是有充分理由的，即使该股现在的价格看起来似乎跌到很低了，但是仍然处于价格高估的阶段。投机者要尽力忘记它过去的高价位，要把时间因素与股票的行情记录融合在一起进行研究。

很多人知道我采用的交易方法后可能会很惊讶。在我的交易方法中，当我运用自己的行情记录预测到一段上涨趋势正在进行时，一旦某只股票在正常回调后再次创出新高，我就立即买入。同样，一旦某只股票在正常的市场回升后再次创出新低，我将立即平仓。为什么呢？因为我在顺势而为，我的行情记录给我发出信号，让我这样做。

我从来不在股价回调时买进；也不在股价回升时卖空。

还有一点：**如果你的第一次交易出现了亏损，那么进行逢低补仓的操作就是有勇无谋的行为。绝不要摊平损失。**把这条规则深深地刻在你的脑子里。

第二章　什么时候是进场交易的好时机

就像人一样，不同的股票也有自己的特点和个性。有些是敏感的、神经的、跳跃的；另一些是直率的、直接的、有逻辑的。投资者要了解并尊重每只股票的股性，在不同的条件下，它们的行为都是可预测的。

市场绝对不是静止的。它们有时反应是比较迟钝，但它们不会停留在一个价位上。它们总会稍微向上或向下运动一点儿。当一只股票进入一种明确的趋势时，它将在整个运动过程中自动地运作，始终如一地沿着某些特定的线路运动下去。

你会发现，当一轮行情开始的时候，在最初的几天，随着股价逐渐上涨，会出现一个非常巨大的成交量。然后将会出现我所说的“正常回调”。在正常回调过程中，成交量将会比前几天股价刚上涨时小很多。这样的小幅回调是正常的，所以不要害怕这种正常的波动，投机者应该担心那些不正常的运动。

一两天之后，股价又开始向上运动，成交量也随之增加。如果这是一个真动作，前几天自然的正常回调后，这次股价将恢复到之前的第一个高价位，创新高后在新的高价区间内运行。这种趋势会很强劲地持续几天，其中每天仅会有微量的盘中回调。之后它迟早会达到应该进行另一轮正常回调的点位。当另一轮正常回调出现时，回调的低点应当与第一轮回调的低点落在同一组直线上，因为这是任何一只股票处于明确的上涨趋势运行中时应有的自然路径。在这种趋势的第一轮行情中，前一个高点和后一个高点之间的价格空间不会很大。随着时间的推移，你会发现它将上涨得更快更多。

让我举例说明：假定某只股票在50美元的位置启动。在其运动的第一次动作可能会是逐渐上涨到54美元。一两天的正常回调可能将其拉回到52½美元左右。3天之后它又回到正常上涨路径。这一回它可能就会直接上涨到59美元或60美元，之后正常回调就会出现了。在这个股价水平上，正常回调可能就不只1个点或1½个点，回调的幅度很可能会达到3个点。继续观察你会发现，当股价在几天之后再一次开始上涨时，成交量不会像运动之初那样庞大了，股票开始变得紧俏。如果股票的实际走势就是这样的话，下一步动作将比之前快得多。该股极可能中途不发生任何正常回调就从之前60美元的高度涨到68美元或70美元。如果股价在此位置发生正常回调，回调幅度可能会更加剧烈。股价极可能回调到65美元，但这仍然算是正常的回调。假设此次回调达到5个点或5个点左右，几天后上涨运动就会重新开始，股价也会创出一个新的高度。此时，时间要素就变得很关键了。

不要对这只股票形成思维定势，已经获得一笔可观的利润后，你仍然要有耐心。同时不要让耐心变成约束思维的框框，以至于忽视了危险信号。

股价又开始上涨了，而且一天之内上涨了6个点或者7个点，接下来的一天有可能会上涨8到10个点——此时市场交投异常活跃。但在这个交易日的最后一小时，突然出现了不正常的下跌行情，跌幅达到7个点或者8个点。接下来一天的上午，它回跌1个点或1个点左右后再一次开始上涨，并且当天尾盘十分坚挺。然而，其后一天，由于某种原因，上升势头不再继续了。

这是一个紧急的危险信号。在整个运动的过程中，股价都只有自然的正常回调。之后突然出现了一个不正常的回调——这里的“不正常”，是指市场在同一天先是创出极高的价位，然后回跌达到6个点或者更多——这样的情形以前都没有发生过。当股票市场有什么不正常的事发生时，这是市场在向你闪动不容忽视的危险信号。

在这只股票整个的自然上涨过程中，你都一直耐心地持股不动。现在，你应当以你的勇气和敏锐的感觉向市场发出的危险信号致敬了——抛出股票，兑现利润，离场观望。

当然，我并不是说这些危险信号总是正确的，正如前面提到的，没有任何一套预测股价变动的指南是100％正确的。但只要你始终留意市场提示的危险信号，你最终将获得巨大的利润。

曾经有一个天才的投机者告诉过我：“当我看见股市发出危险信号，我不会与之对着干，我会平仓离开。等到几天之后，一切恢复正常，我还能重新进场建立头寸。这样我既省去了担惊受怕，也能保护我的资金。我这样表述吧：‘当我正沿着铁道行走时，看见一辆特快列车以每小时60英里的速度向我疾驰而来，我不会愚蠢到继续留在铁道上。我会跳下铁道，让列车先过去。等到列车驶过后，只要我愿意，我还是能再次回到铁道上的。’”我一直将他的话作为对投机智慧的形象描述，铭记于心。

任何一个精明的投机者都要时刻警惕着危险信号。奇怪的是，大部分投机者在他们应该平仓离开的时候，内心总是有某种东西让他们缺乏足够的勇气去这样做。他们犹豫不决，而就在犹豫期间，他们只能眼睁睁看着市场向对他们不利的方向运动好多个点。接下来，他们会说：“等到下次股价回升的时候，我就平仓离开。”结果当下次股价回升的时候——因为迟早会回升的，他们又忘记了自己本想要做什么了。股价的回升让他们认为市场的表现又对头了。然而，这次回升只不过是下跌过程中的一个短暂的回抽，很快就会结束，之后市场就会开始真正的下跌了。正是由于他们的犹豫不决，这些投机者此时仍然还在市场中。如果他们真正运用了任何一种股市指南，就早该知道怎么做了。这样不仅会替他们剩下一大笔钱，也能消除不必要的焦虑。

请允许我再说一遍，每个人身上都具有的人性弱点是投资者或投机者最大的敌人。在一段长期的上涨趋势之后，股票开始下跌时为什么不可以回抽？它当然会在某个价格水平上回抽。而你为什么希望它正好在你希望的点数回抽呢？它很可能不会像你希望的那样表现；即使正好如你所愿，犹豫不决的投机者同样也抓不住这个逃命的机会。

对于想把投机交易作为一项严肃事业的读者，我在这里慎重重申：去除自己一厢情愿的想法。一个人不可能在每天或者每周投机交易中都能获得成功。一年之中只有有限的几次进场交易的好时机，或许 4 次，或许是 5 次。只有出现这样的时机，你才可以允许自己入市操作。在其他的过渡时间，你应该让市场自己逐渐酝酿出下一次大的趋势运动。

如果你已经准确预测出了趋势即将出现的时间，那么你第一次入市建立头寸后，从一开始就会赢利。然后，你所需要做的全部事情就是提高警惕，注意市场发出的危险信号。当危险信号出现后，你应该获利了结，离场观望。

记住：当你空仓观望时，那些每天进出股市进行交易的投机者，正在为你下一次的投机交易奠定基础。你将从他们的操作失误中获取利益。

投机交易实在太容易让人兴奋了。大多数投机者总是流连于经纪人事务所，或频繁地通电话。在一天的交易结束后，在所有的聚会上，他们都和聚在一起的朋友谈论股票市场。他们总是惦记着股价行情自动报价机和行情显示屏。相当大一部分投机者几乎总是在大的趋势运行中持有相反的头寸。他们是如此的专注于小幅的涨跌以至于错过了真正的大行情。试图从每天的小幅涨跌中获利的投机者，永远不能在下一次证券市场发生重大变化时抓住机会。

不过，通过亲手记录股票行情并仔细研究其中的变化，同时将时间因素考虑进去，上面所提到的弱点是可以被纠正的。

多年前，我听说了一个非常优秀的投机者。他居住在加利福尼亚的山里，收到的股市报价都是3天前的。他一年之中只给他在旧金山的股票经纪人打两到3个电话，然后根据他的报价进行下单买入或卖出。我的一个朋友，成天往经纪人事务所跑，听说这件事后非常好奇，就询问了关于这位成功的山里投机者的一些事。在我朋友了解到这位投机者与股市行情设施几乎隔离，很少去拜访经纪人事务所，但却不时有大规模的交易之后，他更加惊讶了。最后他被引见给了那位投机者。在他们的谈话过程中，他询问这位来自山里的投机者，在远离股市的情况下，他是如何追踪股市行情的。

“嗯，”这位投机者回答道，“我把投机交易当成一项事业。如果处于纷繁复杂的环境中，让我自己随时受到股市微小波动的干扰，那我早就失败了。我得离股市远一点儿，待在我能思考的地方。你看，我对已经发生过的行情进行记录。上一波行情结束后，我便能清晰的描绘出市场现在的行情。真正的趋势运动不会刚开始就结束的，要完成一轮真正的行情需要时间。通过在山上居住，我可以留出酝酿下一轮行情需要的所有时间。直到有一天，我从报纸上获得一些行情信息并把它们记录下来时，我发现记录下来的价格信息与持续了一段时间的行情走势出现了明显的差异。此时，我便会做出决定，去城里准备大干一票。”

这事发生在很多年前。这位山里的投机者，在很长一段时间内一直从股市上获取大量的赢利。他几乎可以说是我的偶像。

我比以往任何时候都更加努力的工作，想方设法把时间因素与我搜集整理的其他数据和信息融合在一起。经过不断地努力，我终于能将我的行情记录变成融合了时间因素和价格的记录，这套方法能帮助我把即将到来的市场重大动向预测到令人惊讶的程度。

第三章　跟随领涨股

一段时期的顺风顺水操作后，股市总会有一种诱惑，让你开始变得粗心大意或野心勃勃。此时，需要健全的常识和清醒的头脑，才能保住你已有的战果。如果你能一如既往按照可靠的交易指南行动，你便有可能守住已经获得的财富。

我们都知道，股价总是上上下下，不停地运动。过去一直如此，将来也会一直如此。在我看来，**在这些重大的运动背后，一定存在着某种不可阻挡的力量。**投资者只要了解这一点就足够了。试图弄清楚股价运动背后所有的原因并不见得是好事。这么做是在冒险用不必要的细节扰乱你的思维。意识到趋势正在运行，抓住时机驾驭着你的投机之舟顺着浪潮前进，这样就足够了。不要跟市场讨价还价，更重要的是不要试图与市场对抗。

记住，在市场上到处撒网太危险了。我的意思是，**不要同时在多种股票上建立头寸。同时照顾几只股票容易，但要同时照顾很多只股票就比较困难了。**几年前我就曾犯过此类错误，付出了惨重的代价。

我所犯的另一个错误是，在某个特定板块中的某只股票已经明显的调转了趋势的方向，脱离了整个市场的普遍趋势之后，我就开始对整个市场全面看空或看多。在建立新头寸之前，我其实应该耐心等待时机的，应该等到另一个板块中的某只股票也明确地向我发出下跌或上涨的趋势已经到尽头的信号。随着时间的推移，其他股票也会清晰地发出同样的信号。这些都是我本应该耐心等待的线索。

但是，我没有这样做，而是迫不及待的想在整个市场上大干一场。我竟然让自己的急于行动的心理取代了我的常识和判断力。当然，我确实从第一个板块和第二个板块里的股票交易上获得了一些利润。但由于我在转折点到来之前就进入其他板块里建立头寸，原来利润当中的很大一部分都被抵消了。

回想当年，在 20 世纪 20 年代末的疯狂牛市中，我清晰地看出了铜业股的涨势已经到了尽头。不久之后，汽车行业的涨势也达到了顶点。因为看到牛市行情在这两个板块中已经终结，我便很快得出了错误的结论，认为可以安全地卖空任何股票。我真的宁愿不告诉你们，这个错误判断让我损失了多少钱。

随后的 6 个月中，当我在铜业股和汽车股交易中积累了大量的账面利润时，我也试图找出公用事业股的顶点，结果亏损比我之前的赢利还要多。最终，公用事业类股和其他板块都达到了顶点。但这时安那康达公司的股价已经比它以前的高点低了 50 个点，汽车行业的股票也差不多下跌了同样水平。

我希望给你留下深刻印象的是，当你清晰地看出某个板块的趋势即将到来时，就跟随趋势行动！但绝对不能在其他板块中也以同样的方式交易，除非你明白地看见其他板块也发出可以跟进的信号。一定要耐心等待。随着时间的推移，你一定会从其他板块中得到与第一个板块同样的信号。千万不要在市场上到处出击。

集中你的精力研究当天表现突出的股票。如果你不能在活跃的领涨股上获利，你也不可能在整个股票市场上赢利。

就像女人的礼服、帽子以及时尚配饰永远在随着时间变化一样，市场上的领涨股也是不断变化的。几年前，主要的领涨股是铁路股、糖业股和烟草股；随后是钢铁股崛起取代了糖业股和烟草股的领涨地位。再之后就是汽车股了，而汽车股一直到现在依然还是领涨股。如今，四个板块处于市场的支配地位：钢铁板块、汽车板块、航空板块和邮购业务板块。整个股市将随着这四大板块的运动而运动。随着时间的推移，新的领涨股又会走上前台，旧的领涨股又将退到幕后。只要股市存在，就会按这样的方式运行下去。

很显然，试图一次性记录许多只股票的行情是不合适的，这样你会变得混乱与迷惑。与试图全面分析整个股票市场的方式相比较，你会发现关注几个重要板块更容易得出真实的市场结论。如果你正确把握这四个领涨板块的其中两只重要股票的走势，你就不必担心其他的股票会有什么样的趋势了。还是前面提过的要点——跟随领涨股。脑子还要灵活点。记住，两年后，今天的领涨股可能就不再是领涨股了。

我现在对四个板块进行行情记录，但这并不代表我会同时在这四个板块中进行交易操作。我这么做自有我的原因。

很久很久以前，当我第一次对股价运动感兴趣的时候，我决定测试一下我正确预测即将到来的股价变化的能力。于是我在一个小本子上记录了我的模拟交易情况，并总是把这个小本子带在我身边。一段时间后，我进行了我的第一次真实交易。我永远也忘不了那一次交易。我和我的一个朋友合伙买了 5 股芝加哥·伯灵顿·昆西铁路公司的股票，分得了一半的利润，总共是 3.12 美元。从此以后，我就开始单独做投机交易。

然而在现在股市所处的条件下，我认为曾进行大额交易的旧式投机者成功的机会不大。当我说到旧式投机者时，我想起了以前那些日子。那时候市场非常广阔、流动性非常好，投机者可以一次建仓某只股票的 5000～10000 股，即使以这样方式在股市进出也不会对股价造成很大影响。

在建立最初的头寸之后，如果该股表现对头的话，投机者可以在这之后放心地增加筹码。在过去，如果市场证明他判断有误，他可以轻易地在不遭受过于重大损失的情况下平仓出局。但是现在，如果他最初的头寸被证明不能赢利，在更换股票的过程中，他将遭受毁灭性的损失，因为同以前相比市场变得相对狭窄多了。

另一方面，正如我之前所说的，我认为现在有耐心和判断力等待正确的时机入场的投机者，最终将会有机会获得更多的利润。因为现在的市场更加平稳了，少了很多人为操纵的行情。由于过去人为制造的行情在市场上过于盛行，经常导致行情数据的科学计算失去应有的准确性。

很明显，鉴于现在的市场环境，没有任何一个精明的投机者会允许自己进行大额交易，尽管这种交易规模在几年前是司空见惯的事，他只能研究少数几个板块以及这几个板块里的少数几只领涨股。现在的投机者必须学会看准了再行动。市场已经迎来了一个新的时代——一个为那些明智的、勤奋的、合格的投资者和投机者提供更安全机会的时代。

第四章　握在手里的钱

当你在打理自己的富余资金时，不要假手任何人处理这个任务。

无论是打理几千块的小钱还是几百万美元的大钱，上面的规则都同样适用。这是你自己的钱，只有用心看护，你的钱才能始终真正属于你。错误的投机交易是损失金钱最主要的途径之一。

不合格的投机者犯下各种形式的严重错误。我已经警告过不要摊平损失，但这却是很多投机者最常见的错误。许多人都会这样做：先在某个价位买入某只股票——假设在 50 美元的位置买入 100 股；两三天之后，如果股价下跌到了 47 美元，为了摊低成本他们会急切地在 47 美元的位置再买入 100 股，这样单股成本就下降到了 48½美元。但是，你已经为在 50 美元位置买入的 100 股亏损了 3 个点而郁闷，那你为什么还要再买入 100 股？当股价下跌到 44 美元的时候，你会产生双倍的焦虑。以股价下跌到 44 美元计算，你之前买的 100 股损失了 600 美元，第二次买的 100 股还得再损失 300 美元。

如果投机者非得按照这种不可靠的规则进行交易，要想获得成功，他就必须在股价下跌时持续买进。股价到 44 美元时，再买入 200 股；到 41 美元，再买入 400 股；到 38 美元，再买入 800 股；到 35 美元，再买入 1600 股；到 32 美元，再买入 3200

股；到29美元，再买入6400股……依此类推。试问有多少投机者可以忍受这样的压力？当然，如果你能按照这个规则执行到底，当然就不要放弃。像上述异常情况的例子不会经常发生，但投机者为了避免灾难性的损失，必须要防范的恰恰是这种异常情况。

因此，尽管重复和啰唆，我还是强烈要求你们不要试图摊平损失。

我从来只从经纪人那里得到过一种准确的内幕消息，那就是追缴保证金。**收到追加保证金的通知，你要立即平仓。**因为这证明了你站在了市场错误的一边。为什么要把好钱追加到坏钱里去？与其投在明显会亏损的交易上，你还不如把这些钱捂着多待一天，或者把它拿到更有吸引力的地方去冒险。

一个成功的商人宁愿赊账给各色各样的顾客，也不会把所有的产品卖给唯一的一个客人。顾客数量越多，风险就越分散。同样的道理，资金对于投机者的重要性就像商人货架上的商品，参与投机交易的人也应该在每一次投机交易中投入有限金额的资金。

急于求成是所有投机者都会犯的一个严重错误。这些投机者总想在短时间内暴富。他们试图在两三个月内让自己的资金增值500%，而不是计划用两三年来实现这个目标。他们偶尔确实能做到。然而，这类大胆的投机者能守住自己的胜利果实吗？不能！为什么呢？因为这些钱来得不稳妥。来得快去得也快，这些钱只在他们手里停留了很短的时间。投机者如果在两三个月内的交易太成功，他们会失去平衡感。他会想："如果我能在两个月内让我的资金增值500%，那我接下来的两个月能做什么！我要发大财了！"

这样的投机者永远不会满足。他们总是孤注一掷，全力追逐各种市场机会，直到在某个地方失算。终于出事了——剧烈的、不可预见的、毁灭性的情形发生了。之后，经纪人最后一次的保证金追缴通知接踵而至。由于追缴保证金的数额太大，他们根本无法做到。就这样，这类豪赌客像流星一样消失了。也许，他会请求经纪人再宽限一些日子；或者不算太倒霉的话，他可能还有一些储备资金，能够让他重新有一个一般的起点。

开店铺的商人，一般不会期望头一年就获得25%以上的投资收益。但是对于进入投机领域的人来说，25%根本就不算什么，他们要的是100%。他们的算盘打错了，他们并没有把投机交易当做一项商业事业，按照商业原则来经营这项事业。

投机者最好还要记住另外一条小建议：每一次成功的交易获利了结后，都取出一半的利润，放到保险箱锁起来。投机者唯一能从华尔街赚到的钱，就是获利了结后从资产账户提出的现金。

我回想起在棕榈海滩度假的往事。我离开纽约时，还持有相当大一笔卖空头寸。在我到达棕榈海滩几天之后，市场出现了一次剧烈的暴跌。这是一个把“账面利润”兑换成真金白银的机会——我就是这样做的。

收市后，我给电报员发了一封短信，让他通知纽约交易厅立即往我的银行账户上存入100万美金。这个电报员差点儿没吓晕过去。在他发完电报后，他问我能否保存那张小纸条。我问他为什么。他说这是他做电报员20年以来第一次拍发这样的电报，让经纪人往客户的银行账户上存钱。他继续说道：“从来都是经纪商发出成千成万的电报，要求客户追加保证金。但以前从没有人像你这么做。我要把这张纸条拿给我的儿子们看看。”

完全空仓或者有额外的资产净值时，是投机者能够从他的经纪人账户上提款的唯一机会。当市场动向不利于他时，他不会提款，因为他需要用资金来保护自己的头寸；当他把一个成功的交易平仓了结后，他也不会提款，因为他对自己说：

“下一次我将挣到双倍的利润。”

因此，大部分的投机者很少能看到钱。对他们来说，这些钱就是数字，不是看得见摸得着的真实美元。多年来，每次获利了结后，我都习惯提取部分现金。通常的做法是，每次提取20万或30万美金。这是一个好的策略，具有一种心理上的价值。尝试一下，把它也变成你的一种策略。把你的钱亲手点一遍，我就点过。这样我会知道我手里有真东西，我能感觉到它，它是真实存在的。

钱放在经纪人账户或银行账户里，和拿在自己手里的感觉是不一样的。在你的手里，你的手指就能感觉到它，感觉到了就有某种意义。这种真实的拥有感，会减少一些导致你的赢利流失的冲动型投机交易操作。因此，时不时地看看你拥有的真实的钱，尤其是在两次市场交易之间。

部分普通投机者对待金钱存在太多的散漫和轻率。

如果一个投机者足够幸运，在他的**初始资本金翻了一番后就应该立刻取出利润的一半放在一边，存起来作为储备金。**很多时候，这个策略都给了我巨大的帮助。我唯一遗憾的就是我没能在整个投机生涯中都严格遵守这个策略。从某种角度来说，它本可以帮助我走得更平稳一些。

我从来没在华尔街之外的地方挣到过一分钱；反倒是在“投资”其他行业时，损失了我从华尔街挣来的好几百万美元。我现在能想起来的有：佛罗里达地产泡沫中的房产、油井、飞机制造业，以及各式的新产品开发与营销。在这些领域的投资上，我总是亏损得一分不剩。

有一次，华尔街之外的某个行业激起了我的热情，我试图让我的一个朋友也投资5万美金。他非常认真地聆听我对这个项目的阐述。在我讲完以后，他说道：“利弗莫尔，在投机交易之外，你不可能在其他任何行业获得成功。刚才你提到需要5万美金来进行投机，我会遵从你的要求。但是请你用这笔钱进行投机交易，离其他的生意远一点儿。”

令我惊讶的是，第二天早上邮差送来了实际上我并不需要的 5 万美金的支票。

这里我想讲的是：投机交易本身就是一项事业，每个投机者也应该把它当成一项事业。不要被激情、奉承或诱惑影响。请牢记，有些时候，经纪人在无意中成为了许多投机者失败的根源。经纪人是以赚取佣金为目的的，只有客户进行交易，他们才能获得佣金。交易越多，他们的佣金就越多。当投机者想进行交易时，经纪人不但会非常乐意，甚至还经常鼓励过度交易。没有经验的投机者通常把经纪人看成自己的朋友，很快便开始过度交易了。

假如投机者足够聪明，知道他自己在什么情形下可以进行频繁交易，那么他的做法是可以理解的。投机者有时确实可以知道什么时候能够或者应该进行频繁交易。一旦形成习惯，极少的投机者会聪明到可以主动停下来。他们深陷其中，失去了交易成功所必需的特殊平衡感。他们从来不会设想某一天他们会失手，但这一天迟早会到来。钱来得快去得也快，又一个投机者破产了。

永远不要轻易投机。只有在保证自身财务安全的前提下，你才可以进行投机交易。

第五章　关键点

无论什么时候，只要耐心等待市场到达我所说的“关键点”之后再动手，这样的操作我总是能赚钱。

为什么呢？

因为我正好在行情启动的关键心理时刻进场开始我的交易。这样，我就不用担心遭受损失。原因很简单，我的交易规则告诉我应该行动时，我会立即行动，开始逐步积累我的头寸。然后我需要做的就是静静地观望和等待，让行情自行发展。我知道一段时间后，市场本身就会向我发出信号，告诉我应该兑现利润了。无论什么时候，只要我鼓足勇气耐心等待，市场总是会发出信号。从我的经验来看，如果不是在行情刚开始的时候进场建仓，我就不能从这段行情中获得大额的利润。原因就是如果没有及时进场，就会丧失一大段的利润储备。要想有勇气和耐心一直扛到一轮行情的结束——经受住行情过程中必定会不时发生的小规模回调或者回抽，一定的利润储备是非常必要的。

正如随着时间的推移，市场会向你发出一个正面的信号告诉你该进场了；市场同样一定会给你发出一个警告，告诉你该离场了——如果你能耐心等待的话。**“罗马不是一天建成的”，没有任何一个真正的重大趋势会在一天或一周之内结束，**它需要足够的时间来走完它正常的进程。一轮行情中，大部分的市场运动发生在该轮行情的最后 48 小时内，这是最重要的时间。

这段时间内，你必须持有自己的头寸，处身场内。

举个例子：假如某只股票已经处于下跌趋势很长一段时间，股价跌到了40美元这个低点，然后在几天之内股价快速反弹到45美元，随后的一周都在几个点的范围内震荡，接下来的反弹，股价达到了49½美元。市场又开始了几天的沉闷走势，一点儿都不活跃。之后的某一天，市场又开始变得活跃，下跌了3个或4个点，并且持续下跌，直到接近先前的40美元这个关键点附近。这个时候投机者要密切注视着市场，如果该股真的要恢复先前的下跌趋势，股价应该会下跌到40美元这个关键点以下3个点或者更多，才会出现新一轮的明显反弹走势。如果股价没能跌破40美元，那么从这次回调的低点反弹了3个点就是买入的信号。如果股价跌破了40美元这个关键点，但跌幅不到3个点，那么一旦股价回升到43美元，也要立刻买入。

如果出现了上述两种情形的其中任何一种，你会发现在绝大多数情况下，这都标志着一轮新趋势的开始。如果股价继续上涨，并且涨到49½美元这个关键点以上3个点，甚至更多，就是市场用明确的方式宣告了新一轮行情的诞生。

在阐述市场趋势时，我没有用“牛市”或“熊市”这样的词汇。因为我认为，太多的人在听到证券市场中的“牛市”或“熊市”时，都会立即认为市场将会在很长一段时间内都按照“牛市”或“熊市”的方式来运行。

像那种典型与标准的牛市或者熊市并不经常发生——大概4～5年一次。但在这期间，市场会有许多持续时间相对较短的明确趋势。我因此使用“上涨趋势”和“下跌趋势”这两个词汇，这样更能充分表达在一定时期内即将发生的情形。更进一步，如果你是因为认为市场将会进入一段上涨趋势而买入股票的，然而几周之后市场却是走下跌趋势，你会发现，你能很容易就接受趋势的逆转。如果用“牛市”或“熊市”的概念去分析和定义市场走势，你就很难接受趋势快速逆转的结论。

融合了时间因素的利弗莫尔股价记录法是我对投机交易规则研究了30多年的成果。这些交易规则会帮助我形成一份基础的交易指南，帮助我预测下一次重大市场运动的到来。

在我刚开始做行情记录的时候，感觉并没有多大的帮助。几周之后，我有了一个新的想法。新的想法让我很兴奋，我尝试新的记录方法。结果却发现，尽管相对第一次有所进步，但是记录的行情仍然不能提供给我足够的信息。随后，我的大脑中不断出现新的想法，我也不断完善自己行情的记录方法。随着时间的推移，我逐渐萌发了一些全新的想法，我记录的行情能够以更好的、更自然的方式呈现出来。直到我将时间因素与价格运动融合在一起，我的行情记录才开始对我说话。

从那以后，我用不同的方式把每一条记录整合在一起，这些记录使我能最终确定“关键点”，进而向我展示如何运用这些“关键点”在证券市场获利。随后，我又多次改进了我的统计方法，进一步完善我的行情记录。现在，这些行情记录都是以特定的方式组合在一起的，它们也能向你说话——如果你愿意的话。

如果投机者能够确定某只股票的“关键点”，并且能解释股票在这个“关键点”的行为，他就有很大的把握从一开始就建立起正确的头寸。

多年前，我就是利用最简单的“关键点”进行投机交易并获利的。我当时经常观察到，当某只股票的股价50美元、100美元、200美元，甚至300美元时，如果这些点数被突破，随后几乎肯定会有一轮快速的、陡直的上升趋势出现。

我第一次尝试利用这些关键点赢利是在老伙计——安纳康达公司的股票上。该公司的股价涨到100美元，我就立即下单买入4000股。直到股价突破105美元几分钟之后，我的订单才完成。当天股价随后还上涨了大概10个点，第二天又是一段大涨，短时间内便突破了150美元。整个上涨期间，仅有几次7～

8个点的自然回调，没有任何一次威胁到100美元这个“关键点”。

从此以后，我很少会错过与“关键点”有关的大行情。当安纳康达公司股价到200美元时，我再次进行了成功的操作；到300美元时也同样如此。但突破300美元后，股价没有继续按原有的速度涨上去，股价只到了302¾美元。很明显，该股正闪动着危险信号，因此我将8000股全部平仓。足够幸运的是，在不到两分钟的时间内就成交了6500股，其中有5000股成交价为300美元，有1500股为299¾美元。剩下的1500股足足花了25分钟才卖出去，而且都是以100股一笔或者200股一笔的方式成交的，成交的价格是298¾美元，这也是当天的收盘价。我确信，如果股价跌破300美元，便会出现一个快速的下跌走势。第二天上午，非常刺激的事情发生了。在伦敦安纳康达公司股价一路下跌，在纽约开盘后持续走低，几天之内股价就下跌到225美元。

记住，运用“关键点”预测市场动向时，如果股价突破“关键点”之后没有出现应该有的表现，这是必须留意的危险信号。

就像上面的例子，在突破300美元之后，安纳康达公司股票的表现跟它分别突破100美元和200美元之后的表现截然不同。前两次，“关键点”一被突破，股价就迅速上涨了至少10到15个点。但是这次突破“关键点”，该股并没有变得紧俏，反而被大量抛售——卖压如此严重，该股当然不可能继续上涨。由此可见，股价突破300美元后的市场表现清晰地说明，继续持股是危险的；同时也清晰表明，这次股价突破“关键点”后，不会继续上演通常的好戏了。

我还能回想起另一次，我足足等待了3周后才开始买入伯利恒钢铁公司的股票。1915年4月7号，伯利恒钢铁公司的股价创出了历史新高87¾美元，我坚信伯利恒钢铁公司的股价将会超越 100 美元。此时，我已经知道了股票在突破“关键点”之后通常会快速上涨。4 月 8 号，我下达了第一份买入指令，买进价格在 99.00～99¾美元。当天，股价就攀升到了 117 美元的高点。股价在随后飞速的上涨过程中没有任何犹豫，直到 4 月 13 号，也就是 5 天之后，股价创出 155 美元的高点之后才出现了小幅回调。这是一次令人窒息的上涨。这个例子再一次证明了如果投机者能耐心等待，并利用“关键点”的交易技巧，所能带来的巨大回报。

我跟伯利恒钢铁的故事还没有结束。在伯利恒钢铁公司的股价到达 200 美元、300 美元的点位，以及让人晕眩的 400 美元的高峰点位时，我都重复了之前的操作。这里我还要补充一点，在熊市中，我们同样能预测当股价在下跌过程中跌破“关键点”后会发生什么样的情形。我学会了此刻最主要的事就是观察接下来跌势如何延续。如果股价穿越某个点位后走势乏力，掌握了“关键点”知识的投机者就很容易做出转变自己的立场，平掉手中的头寸的决定。

顺便说一下，每次当我不能耐心等待“关键点”的来临，为了获取一些短线利润反复折腾的时候，最后我都亏损了。

从那之后，市场上流行高价股拆细的风潮，所以像我上面回顾的那种机会就少见了。然而，我们可以运用别的方法来确定“关键点”。例如，我们假设某只新股挂牌交易后的两三年内的最高点是 20 美元，或者其他任何价位，这个历史高点距离现在总之有两三年的时间。如果现在这个公司出现利好消息，股价上升，当股价一旦突破历史高点并创出新高时买进，这样的操作通常都是安全的。

某只股票刚发行上市时股价可能是 50 美元、60 美元或 70 美元，然后创出了 20 美元左右的历史低点，之后一两年之内都在最高点和最低点之间徘徊。如果股价在某天跌破以前的历史低点，该股就可能会有一个大幅下跌。为什么呢？因为这家公司肯定出了什么问题。

通过持续记录行情数据并把时间因素考虑进去，你将能够找出许多“关键点”。你可以根据这些“关键点”建立头寸，等待即将到来的行情。但是你要自我训练在这些“关键点”进行交易所必须的耐心。你必须花时间去研究行情数据，亲手做记录，亲手填写在行情记录表上，亲手在行情记录表上标注哪些价位将成为“关键点”。

你会发现，“关键点”就是投机者的金矿，对它的研究令人着迷，充满了难以置信的神奇。如果成功的交易是基于你自己的判断，你会从中获得异常的快乐和满足。同时你会发现，相对于从他人那儿听取建议和内幕消息赚取利润，你自己正确判断并操作成功赢得的利润能够给你带来更大的满足感。如果你自己独立研究市场、发掘机会，并以你自己的方式进行交易，同时锻炼你的耐心，留意市场的危险信号，你就能开发出属于自己的投机思维模式。

在本书的最后章节中，我将结合利弗莫尔市场规则，详细阐述如何用我的方法确定更复杂的“关键点”。

依靠他人偶尔的指导和建议进行投机交易的人，极少有获利的。许多人都是乞求别人透露一些信息，但是他们却不知道如何利用这些信息。

记得在一次晚宴上，有个女士一直纠缠着我，想获取一些市场建议。我一时心软，就告诉她买入帕斯科铁路公司的股票。因为该股当天突破了“关键点”。从第二天上午开盘起，该股就在接下来的一周之内攀升了 15 个点，其中只有几次微不足道的回调。然后该股的表现发出了危险信号。这个时候我想起给那位女士的建议，急忙让我妻子打电话让她卖出。结果让我非常惊讶的是，她居然还没有买进，因为她想先看看我的信息是否正确。哎，无聊的股市内幕消息。

在商品期货市场中，经常会有很有吸引力的“关键点”出现。可可在纽约可可商品期货交易所进行交易。很多年来，该商品都没有出现什么有吸引力的投机行情。然而，如果把投机交易当做一项严肃事业，投机者自然就会留意所有的市场，从中寻找大的机会。

1934 年，可可 12 月期货合约的价格在 2 月份创下 6.23 美分的最高点，10 月份创下 4.28 美分的最低点。1935 年，又在 2 月份创下 5.74 美分的最高点，6 月份创下 4.54 美分的最低点。1936 年的最低点 5.13 美分出现在 3 月份。由于某种原因，该年 8 月份可可市场变得很不一样，大的市场运动正在酝酿当中。该月可可卖到了 6.88 美分的价格，远远超过了前两年的最高价，并且超过了它前两次的“关键点”。可可 12 月期货合约在 9 月的最高价为 7.51 美分；10 月为 8.70 美分；11 月 10.80 美分；12 月 11.40 美分；1937 年创出了 12.86 美分的极高价位，创下了 5 个月之内上涨 600 个点的记录[①]，整个上涨期间仅有几次微小的正常回调。

很显然，这次的迅速上涨有一个非常充分的理由，因为之前年份可可的价格都在正常的范围内运动。这个原因就是可可正处于严重的短缺。那些密切关注“关键点”的投机者，在可可市场发现了一次绝佳的操作机会。

当你在行情记录表上亲手记下价格，仔细观察价格运动模式，行情记录就开始对你说话了。你会突然意识到价格运动正在形成自己的轮廓，并在努力让某种正在形成中的价格走势清晰化。这暗示你应该回头看看先前做的行情记录，对照在一组相似的条件下，前一次的重大市场动向是什么样的。也就是说，只要你通过仔细的分析和良好的判断，你能形成自己的市场观点。价格运动模式会提醒你，每一次重大的市场动向都只是相同模式的重复。你掌握了过去的价格运动模式，就能预测即将到来的价格演变趋势，正确地采取有利的操作行动。

① 译注：可可期货合约价格每变动 0.01 美分等于 1 个点。

我在这里想强调一下，**我没有认为我的行情记录方法是完美的，当然它已经能为我提供很大的帮助。**我相信，任何人预测未来行情都需要一个坚实的基础。如果有人研究他们自己所做行情的记录，持续不断地维护好自己的行情记录，他们在投机交易中就不可能不赢利。

如果未来的投机者遵循我的行情记录方法，从投机交易中获得了比我更大的收益，我一点儿都不会惊讶。这种说法是建立在以下前提上的：我在以前的一段时间就采用了这样的行情记录方法，并分析自己做的行情，得出了我自己的结论。那些刚开始运用这种方法的人，可能会很快发现这个方法中新的价值点，这个新的价值点是我以前未能发现的。也就是说，在过去一段时间里，现有的这些就足够满足我个人的投机交易的需要了，因此我也就没有进一步的研究这个方法，寻找新的价值点。然而，你们可能会在这个方法的基础上产生一些新的想法，进一步完善这个方法，提升它的价值，以满足你们自己的需要。

如果你们能够做到这一点，请放心，我不会嫉妒你们的成功。

第六章　100 万美元的大错

本书前面几章的主要目的是阐述一些基本的投机交易规则。后面部分将详细阐述如何将时间因素和价格结合起来的具体规则。

根据这些基本的投机交易规则来看，很多投机者在买卖股票时都太冲动了，几乎是在同一个价位上建立全部的头寸。这种做法是错误的、危险的。

让我们假设你想买入 500 股某只股票。开始时可以先买入 100 股。等到市场上涨再买入 100 股，依此类推，后续的每一次的买进价格都会高于前一次的买进价。

卖空的时候也适用同样的规则。除非价位比上一次卖出时更低，否则不要继续增加卖空头寸。就我所知，遵循这条规则将使你更接近市场正确的一边。原因就在于采用这样的程序，你所有的交易自始至终都是赢利的。赢利的事实就证明你是对的。

根据我的交易惯例，你首先应该评估某只个股未来行情的大小；其次，确定进场建仓的点位。后一点很重要。查看你自己的行情记录表，仔细研究过去几周的价格运动。在此之前你已经确定，如果这轮行情真的即将开始，你所选择的个股就应该会达到某个点位。当它到达这个点位的时候，就是你第一次进场建立头寸的时候。

建立头寸之后，你要明确如果出现判断失误的情况，你愿意承担的风险金额。根据我的理论行动，你最初一两次的头寸可能会亏损。但只要你坚持下去，只要股价到达你所确认的“关键点”就坚决进场，那么等到行情真正开始的时候，你肯定已经处身场内了。简而言之，你绝不会错过机会。

然而，谨慎选择时机真的是非常必要的……缺乏耐心会付出惨重的代价。

让我来告诉你，因为缺乏耐心和不谨慎地选择时机，我曾经错失了 100 万美元的利润。写到这里，我几乎困窘得想要把脸转过去。

许多年前，我强烈地看涨棉花市场。我已经确信棉花市场必定会出现一轮大的上升行情。正如经常发生的一样，那个时刻市场本身还没有准备好开始这轮行情。我却一得出这样的结论就立刻杀进了棉花市场。

我最初的头寸是 2 万包，以市价买入。这个指令让原本沉闷的市场迅速上涨了 15 个点。当我买入最后 100 包之后，市场在 24 小时之内重新下滑到了我最初进场时的价格，并在这个价位附近沉睡了许多天。最后，我厌恶透了，全部卖出，包括佣金在内一共损失了大概 3 万美元。自然，我的最后 100 包是以下调过程中的最低价卖出的。

几天之后，市场再度对我产生了吸引力。它在我脑中挥之不去，我还是不能改变我最初的想法，坚持认为棉花市场将有一轮大的行情。因此，我再次买入了 2 万包。同样的事情发生了。市场因为我的买单迅速上涨，之后，又“砰”地一声跌回到起点。我厌倦了等待，我再一次全部卖出了自己的头寸，最后一笔仍然是在最低价卖出。

我在 6 周之内居然重复了 5 次这样代价惨重的操作，每次操作的损失都在（2.5～3）万美元之间。我变得厌恶我自己，我消耗了差不多 20 万美元，却没有找到一丁点儿满意的感觉。所以我给我的经理人下令，让他在我第二天上午到达办公室之前，把棉花市场行情报价机给去掉。我不想禁不住诱惑，再多看棉花市场一眼。太郁闷了，这种情绪非常不利于清晰的思考，而清晰的头脑恰恰是投机领域无论何时都需要的。

在这之后又发生了什么呢？就在我挪走棉花市场行情报价机并对棉花市场彻底失去兴趣的两天后，市场开始上涨，而且是一口气涨了 500 个点[①]。在那次非同寻常的上涨行情中，仅有一次正常回调，幅度为 40 个点。

就这样，我失去了在我整个投机交易史中判断出的、最有吸引力最可靠的一次交易机会。

总结一下，有两个根本的原因。

第一，我缺乏耐心，未等到市场的关键心理时刻的到来，就进行了操作。我明明白白地知道，只要棉花价格到了 12½ 美分每包，它就会向高得多的价格进军。但是，我居然没有自制力去等待。我想在棉花市场到达买点之前，多赚一点儿额外的利润，因此就在市场时机成熟之前便采取行动了。这样不仅导致我损失了 20 万的真金白银，还丧失了 100 万美元的利润。我原本刻在脑子里的计划是，在市场超越关键点之后，分批买入 10 万包。如果按照计划操作，我就不会错失这个机会，则会在这轮行情中赢利 200 个点甚至更多。

第二，仅仅因为自己的判断失误，就允许自己发怒，对棉花市场产生厌恶感，这种情绪化与稳健的投机程序是不协调的。我遭受损失完全是因为缺乏耐心等待恰当的时机，让市场本身去支持我事先的判断，并实施自己的操作计划。

我很久以前就学会了，犯了错误时不要找借口。这是所有投机者都应该学会的一课。坦白承认错误，并尽可能从中吸取教训。我们所有人都明白我们何时是错误的。当投机者犯错时市场就会告诉他，因为他正在赔钱。投机者只要意识到犯错时

---

① 译注：棉花期货合约的价格每变动 0.01 美分等于 1 个点。

就应该平仓离场，接受损失；尽量保持微笑，研究之前所做的行情记录，找出错误的原因，等待下一次大的时机。投机者应该关心的是一段时间内投机交易的总体结果。

随着时间的推移，你甚至会在市场告诉你之前，就能感觉到自己出错了，这是一种非常高级的判断能力。这是一种潜意识的警告，这是一种来自内心的信号，建立在对过去的市场表现了解的基础之上。有时候，它领先一切的交易规则所做的判断。让我进行详细解说：

在20世纪20年代末的大牛市中，好几次我都持有大量的各种不同的股票，而且已经持有了相当长的时间。在那段时间，市场正常回调不时发生，我从来没有因为手里持有大量头寸而感到不安。

在闭市后，我迟早会有变得焦躁不安的时候。整个晚上我很难睡好觉，有什么东西会悄悄呼唤我，然后我就会醒过来，开始思考股票市场。第二天早晨，我甚至会害怕去看当天的报纸，好像有什么凶兆在逼近。或许我会发现其实每件事都好好的，我那种奇怪的感觉显然是没有任何道理。市场可能会高开高走，市场的表现也会很完美，市场会达到这轮趋势的顶峰。投机者几乎会觉得他的不眠之夜有点可笑，但我现在已经不会觉得这可笑了。

因为接下来的一天，情况会截然不同。没有什么灾难性的新闻，仅仅就是市场在一轮长期的趋势运动后突然出现了转折点。这一天，我会非常心绪不宁，因为我手中有大量的头寸，将很快面临着严重的流动性问题。这在前一天，我本来可以在这段趋势的极限顶部的2个点内清仓。但是今天，情况完全变了。

我相信许多投机者都有过相似的经历，就是当市场上的一切都散发着希望的光芒时，内心却有种奇怪的感觉在闪动着危险信号。这是长期在市场研究与历练之后逐渐形成的特殊市场直觉。

坦白来讲，我总是怀疑内心发出的暗示，通常更喜欢运用冷静的科学规则来进行判断。但事实是，许多次看似一帆风顺的时候，我因为注意到了内心强烈的不安感，在很多场合都受益匪浅。

这种交易中的神秘信息很有意思，因为往往宣称能提前感知市场危险的人似乎只有那些对市场行为敏感的投机者，他们遵循一套科学的模式去把握价格运动的过程。至于一般的投机者，他们看多或者看空的观点只不过是无意中听到的消息或者公开的市场评论。

请记住，有成百万的人在各种市场上进行投机交易，其中只有少数人把所有时间都花在投机交易上。对绝大多数人来说，投机都只是一个撞大运的事情，其代价非常高昂。甚至在那些精明的商人、专业人士，以及退休人员看来，投机交易最多就是一个副业，不用花费什么心思。如果不是偶然的机会从经纪人或客户经理得到诱人的内幕消息，他们中的大多数人都不会进行股票交易。

一些人开始交易的原因是因为他从一个朋友那儿得到了一些内部消息，而这个朋友是某个大公司的内部理事会成员。让我来假设一个案例吧：

在一次午宴或者晚宴上，你遇到了在希克斯集团任职的一个朋友。闲聊了一会儿之后，你开始问一些关于他们公司的事情。这位朋友说道："嗯，生意还不错。公司刚刚转危为安，未来前景一片光明。是的，此时我们公司的股票很有吸引力。"

他或许还会非常真诚地说："现在确实是一个很好的买入时机。我们公司的利润将会很可观。实际上好多年都没有这样好过了。我想，吉姆，你肯定还记得我们上一次生意兴隆时的股价怎么样吧。"

此刻，你变得激动起来，迫不及待地买入该公司的股票。

每一份季报表都显示该公司业绩比上一个季度要好，公司也宣布了发放额外股息的消息，股票价格不断地往上涨。你不知不觉地陷入了美梦中，感觉自己就要发大财了。然而，一段时间之后，该公司的业绩开始可怕地下滑，却没有人告知你真相，你唯一知道的就是股价出现了急剧下滑。于是，你急忙给你朋友打电话。

“是的，”你朋友会说，“现在股价确实出现了急剧下滑。但这可能是暂时的。公司的营业额稍微有点下降。市场的空头抓住了这点在做空打压股价，这多半是短期的打压。”

你朋友可能还会接着找很多陈词滥调的理由来隐瞒该股下跌的真正原因。毫无疑问，他和他的同事持有了大量其公司的股票，自从第一次出现他们公司的营业额大幅下滑的明确信号之后，他们就一直在市场能允许的情况下尽可能多、尽可能快地卖出手中的股票。如果他告诉你真实的原因，只会让你加入抛售的行列来与他竞争，或许你们其他的朋友也会加入进来。这几乎就是一场“比谁跑得快”的自保游戏。

很明显地就能知道，你的朋友——这个知道内情的实业家，为什么可以轻易地告诉你什么时候买入，但却不可能也不乐意告诉你什么时候该卖出。因为告诉你何时出货差不多就是背叛了他的同伙们。

我强烈要求你身上始终带个小本子。你可以记录下重要的市场信息；可能在未来有所帮助的一些想法；可以是要经常重温的一些投资理念，以及你观察股价运行的一些个人小心得。在小本子的第一页，我建议你写上，不，最好用墨水印上：

“提防内幕消息……一切内幕消息！！！”

在投机和投资的事业中，成功仅仅眷顾那些为之付出努力的人，这句话再怎么强调都不为过。没有人会递给你一大笔得来容易的钱，就像身无分文的流浪汉的故事。流浪汉饥肠辘辘，只能厚颜无耻地进到一家饭店，想叫一份“量大的、甜美的、厚厚的、多汁的牛排”，还对黑人侍者吆喝，“告诉你们老板要麻利点儿”。一会儿，侍者踱步走回来，哼哼唧唧说道：“我们老板说了，要是这儿有那样的牛排，他早就自己吃了。”

即使钱从天上掉下来，也不会有人硬把它塞进你的口袋里。

第七章　300万美元的赢利

前一章讲述了我是如何因为缺乏耐心而错失了一次机会，一次能够赚取丰厚的利润的机会。现在，我要讲述一个我默默等待时机的案例，向你展示等待关键心理时刻所能带来的结果。

1924年夏天，小麦已经到达我所说的关键点，于是我入市买进。第一笔买进500万蒲式耳。当时，小麦市场极为庞大，所以这个规模的交易指令下达时，并没有对小麦价格造成明显的影响。这样说吧，这样的交易规模相当于在某只股票上下达5万股的指令。

该指令执行后，市场立即进入沉闷状态，而且持续了好几天。不过，小麦价格一直没有跌到关键点以下。然后市场开始再次上涨，高点比前一轮的高点还多几美分，之后市场出现一次正常的回调，接着又持续了几天的沉闷状态后，市场再次重新上涨。

下一个关键点刚一突破，我又立即下单买入了另外500万蒲式耳。这笔指令的平均成交价比关键点高出了1½美分，这向我清楚地表明，市场正在为它进入强势状态做好准备。为什么呢？因为买入第二笔500万蒲式耳比第一笔困难多了。

接下来的一天，市场并没有像我第一次下单后那样进行回调，而是上涨了3美分。如果我对市场的分析是正确的，这正是市场应该有的表现。从此以后，小麦市场将展开一轮真正的牛市行情。我的意思是，一轮长期的上涨趋势已经展开了。根据我的计算，这场趋势将持续好几个月。然而，我并没有充分意识到这轮行情的全部潜力。所以，在我获得每蒲式耳 25 美分的利润时，便获利了结了——坐在一边，眼睁睁地看着市场在几天之内又上涨了 20 美分。

此时此刻，我意识到自己已经铸成大错。我为什么会担心失去那些我从未真正拥有过的东西呢？我本应当耐心一点儿，鼓足勇气将头寸持有到底的时候，却急于兑现账面的浮盈。我明明就知道，当时间到了，在上升趋势到达某个关键点时，市场会向我发出危险信号，给我留下充足的离场时间。

于是，我决定再次进场。重新买入的价格比我卖出第一批头寸时平均高了 25 美分。不过，现在我只有勇气建立一笔相当于我原先卖出数量的一半头寸。之后，我就一直持有不动，直到危险信号发出警告。

1925 年 1 月 28 号，五月小麦合约卖到每蒲式耳最高价 2.05⅞美元。2 月 11 号回调到了 1.77½美元。

在小麦市场这轮不同寻常的上涨行情中，还有另一种商品——黑麦，其上涨幅度比小麦更加可观。只不过，相对于小麦市场，黑麦市场非常小，只要下达一笔相对较小的买入指令，都会毫无疑问地导致其价格快速上涨。

在上面介绍的操作中，我经常会在市场上持有巨额的个人头寸，当然也有其他操作者持有同等规模的头寸。据说其中的某个投机者，累积了好几百万蒲式耳的小麦期货合约，同时还囤积了成千万蒲式耳的小麦现货。为了支撑他在小麦市场的头寸，他还准备了大量的黑麦现货。传言说，如果小麦市场开始动摇，此人会利用在黑麦市场的多单来支撑小麦市场。

如前所述，黑麦市场相对较小和狭窄，执行任何较大规模的买进指令，都会立即引起黑麦市场的快速上涨，同时传递到小麦市场的效果十分显著。只要有人运用这种方法，公众都会冲入市场买进小麦。结果，小麦期货也进入了新的高价区间。

这个把戏一直成功地持续着，直到市场的重大趋势到达终点。当小麦市场进行回调时，黑麦市场也进行了相应的回调，从1925年1月28号1.82¼美元的高点跌到了1.54美元，回调了28¼美分，而小麦市场相应的回调了28⅜美分。到3月2号，五月小麦回到了距离其前一次高点3⅞美分的位置，价格为2.02美元，但黑麦却没有以小麦那样有力的方式收复失地，仅仅回到了1.70⅛的位置，比它之前的高点低了12¼美分。

这段时间，我一直密切地注视着这两个市场，黑麦走势的疲软让我受到了强烈的震撼。我感觉有什么不对劲了，因为在整个这轮大牛市中，黑麦市场一直领涨小麦市场。但是现在，黑麦非但不是整个谷物市场的领涨品种，反而自己下跌了。小麦在回调后已经收复了大部分的失地，而黑麦却没能收复，大约每蒲式耳还差12美分。这是与之前截然不同的现象。

我开始着手分析，想要弄明白为什么黑麦没有与小麦同比例的回升。答案很快便水落石出。原来公众对小麦市场很感兴趣，但对黑麦市场没兴趣。如果黑麦市场先前被人高度控盘，为什么这人现在突然忽略这个市场了呢？最后我得出结论，要么是他不再对黑麦市场感兴趣，平仓离开了；要么是他同时陷入两个市场太深，以至于他已经无法再吃进更多头寸来维护两个市场了。

我立即有了自己的结论，无论他是否还在黑麦市场都没有什么区别——从市场的角度来看，这两种情况的结果都是一样的。于是，我开始检验我的理论。

黑麦的最新价格是1.69¾美元。为了查明黑麦市场的真实情况，我下达指令，以市价卖出黑麦20万蒲式耳。我下达该指令时小麦报价是2.02美元。在指令执行过程中，黑麦最低下跌了3美分每蒲式耳，指令完成两分钟后，回到了1.68¾美元。

通过上述指令的执行，我发现黑麦市场上买单和卖单都很少。但是，我仍然不清晰市场随后会发生什么。于是我再次下达指令卖出 20 万蒲式耳，结果与上次一样——在指令执行过程中，黑麦下跌了 3 美分每蒲式耳。指令完成后，这次它只回升了 1 美分，而不是之前的 2 美分。

此刻，我仍然对自己的判断有所怀疑，所以我抛出了第三个卖单，卖出 20 万蒲式耳，结果仍然一样——市场再次下跌，但这次下跌后没有回升。黑麦按照自己的势头继续下跌。

这正是我一直在观察和等待的警告信号。如果有人在小麦市场持有巨额头寸，但由于种种原因没能对黑麦市场进行有效保护（我并不关心他的原因究竟是什么），那么我坚信他同样也不会或不能支撑小麦市场。我立即下单以市价卖出 500 万蒲式耳的五月小麦，其成交价从 2.01 美元卖到了 1.99 美元。当晚小麦收市于 1.97 美元附近，黑麦收市于 1.65 美元。我很高兴小麦卖出指令的最后成交部分已经低于 2 美元。因为关键点就是 2 美元，而市场已经跌破这个关键点。我对自己的头寸很有把握，自然也不会对这笔交易有任何的担忧。

几天之后，我买回了我的黑麦，因为当初卖出黑麦仅仅是一次试探性的操作，以此来探明小麦市场的状况。结果本次交易获得了 25 万美元的利润。

同时，我继续卖空小麦，直到累积了 1500 万蒲式耳的空头头寸。3 月 16 号，五月小麦以 1.64½ 美元收市。第二天早上，利物浦市场的行情比预期的低开了 3 美分，若折合成美元，这将导致美国市场开盘价在 1.61 美元附近。

这时我做了一件违背我交易经验的事情。我在市场开盘前就下达指定价格的交易指令。诱惑让我无法做出更好的判断，我下达指令以 1.61 美元的价格买入 500 万蒲式耳，买入价比昨晚的收市价低了 3½ 美分。真正开盘时，价格波动范围从 1.61 美元到 1.54 美元。我对自己说："活该，你打破了明知不能打破的规则，这是你应得的。"这一次是人的天性战胜了直觉判断。当时我毫不怀疑，我的订单会按照指定的价格 1.61 美元来执行，也就是按照开盘价格区间的最高价买进。

因此，当我看到价格到 1.54 美元时，再次下达指令买入 500 万蒲式耳。之后我立即收到一份成交报告："买入 500 万蒲式耳五月小麦，成交价 1.53 美元。"

我再次下达指令买入 500 万蒲式耳。不到一分钟，成交报告就来了："买入 500 万蒲式耳，成交价 1.53 美元"，我自然以为我的第三笔指令也是以这个价格成交的。随后我要求向我提供第一份指令的成交报告。结果收到了以下的成交报告：

"向您报告，买进第一笔 500 万蒲式耳，指令完成。"

"向您报告，买进第二笔 500 万蒲式耳，指令完成。"

"这是你第三份指令的成交报告：

350 万，成交价 1.53 美元；

100 万，成交价 1.53⅛美元；

50 万，成交价 1.53¼美元。"

当天的最低价为 1.51 美元，第二天小麦回到 1.64 美元。在我的经验里，这是我第一次收到这种性质的限价指令的成交报告。我下单以 1.61 美元的价格买入 500 万蒲式耳——市场开盘价从我的买入价 1.61 美元波动到了低于其 7 美分的 1.54 美元，这意味着 35 万美元的出入。

不久之后，我有机会到了芝加哥，询问负责为我执行交易指令的人，为什么我的第一份限价指令获得了那么完美的执行。他告诉我说，他碰巧知道在市场上有一份以市价卖出 3500 万蒲式耳的交易指令。在这种情况下，他意识到，无论市场以多低的价格开盘，在开盘以后都会有人以更低的价格卖出大量的小麦，所以他就只是等待，等到开盘时价格波动区间形成后，才将我的交易指令以"市价"投入市场。

他说，当天要不是我的交易指令让市场及时止跌，市场将从开盘价的位置下跌很大的幅度。

这次交易最后的净利润超过了 300 万美金。

这说明了在投机市场中做空机制具有很大的价值，因为持有空单的人会转变为愿意买进的多头，空单平仓的力量在市场恐慌的时候扮演了极其必要的市场稳定器的角色。

现在这类操作方式已经不可能了，因为商品期货交易管理局将谷物市场的个人头寸规模限制在了 200 万蒲式耳之内。即使是股票市场并没用对个人头寸规模进行限制，按照现行的卖空交易的法规，也同样没有人可以建立大规模的卖空头寸。

因此我认为，旧式投机者的时代已经结束，他们的位置将会被未来的复合型投资者所取代。那些复合型投资者尽管不能从市场中快速地获取大额的利润，但可以在一定时期内赚到更多的钱，并且能够守住这些钱。我坚信未来成功的复合型投资者将只会在关键的心理时刻进行操作，他们最终能从每一次大大小小的市场运动中获得更高比例的赢利，比历来那些纯粹只想投机的作手收获得更多。

第八章　利弗莫尔投机交易要诀

许多年以来，我把自己生活的全部都奉献给了投机事业。现在我终于领悟到：股市不会有任何全新的事情发生，价格运动一直简单地重复着历史。尽管不同的股票有不同的情况，但其价格模式是完全一致的。

正如前面所说，我感觉到一种迫切的需要，需要找到一种行情记录的方法作为我预测股价运动的指南。我带着强烈的兴趣从事这项工作，急切地寻找一个切入点，以帮助我预测未来的趋势。这并非易事。

现在回头看最初的尝试，终于明白了当时那些努力为什么没有立即取得成效。因为那时的我一心只想着投机，一直在试图制定一种策略，好让我在市场上随时都买进卖出，抓住每一次微小的日内变动而赢利。这是错误的，随着时间的推移我清晰地意识到了这一点。

我继续保持亲手做行情记录，坚信它们具有真正的价值，只是等待我去挖掘。终于，谜底解开了。我的行情记录明白告诉我，它们不能解释小型波动的原因；然而，只要我瞪大双眼去看，就能看到预告重大市场运动即将到来的价格模式正在形成。

从此以后，我决心忽略所有的微小运动。

通过持续、密切的研究我亲手做的各种各样的行情记录，我突然意识到，要想对即将到来的、真正的重大趋势形成一个正确的观点，时间因素非常关键。我铆足劲，集中精力研究市场的这个特性。我希望发现一种方法，来识别较小规模的波动是由什么构成的。我意识到，即使市场处于明确趋势，中间也会夹杂着大量的相对较小规模的震荡。在过去，明确的趋势和较小规模的震荡容易让人混淆，但现在对于我已经不是什么问题了。

我想要找出自然的回调或回升的初始阶段是由什么构成的。因此我开始测算价格运动的幅度。第一次，我把我的计算建立在1个点的幅度基础上，结果证明不是很好。然后我就调整到2个点的幅度，依此类推，直到我最终得出点数。这个点数就是我之前认为的自然回调或回升的初始阶段的幅度。

为了便于说明，我印制了一种特殊的表格纸，排列出了不同的列，通过这样安排，我便可以得到一副我所说的“预测未来走势”的地图。每一只股票占六列。股价按照规则记入不同的列中。每一列都有其各自的标题。如下：

第一列标题为次级回升

第二列标题为自然回升

第三列标题为上升趋势

第四列标题为下降趋势

第五列标题为自然回调

第六列标题为次级回调

若把数据记入上升趋势这一列，用黑色墨水笔填写。上升趋势左边的两列，我用铅笔填写。若把数据记入下降趋势一列，用红色墨水笔填写。下降趋势右边的两列，也用铅笔填写。

这样，当把价格记入上升趋势一列或下降趋势一列时，我就可以一目了然地看出当时的实际走势，那些不同颜色的数据都活灵活现地呈现在我的眼前。而持续使用了红色墨水或黑色墨水的行情记录，很清晰地就能看出市场正在讲述的故事。

当我持续使用铅笔进行行情记录时，我就会意识到我只是在记录正常的震荡（要注意，书后面我的行情记录复印件中，浅蓝色墨水记录的价格就是我在表格中使用铅笔记录的价格[①]）。

我判定，一只已经达到30美元或更高价格的股票在其价格拐点发生回升或回调时，只有回升或回调的幅度达到几乎6个点时，我才判定市场正在发生自然回升或自然回调。这时的回升或回调并不是表明市场原来的趋势发生改变，仅仅表明市场正在经历一场自然的调整运动。自然回升或自然回调结束后，市场仍然延续先前的趋势。

在此，我想解释的是，我不会把单一股票的逆转行为作为整个板块的趋势逆转的明确标志。事实上，我采用“组合价格”来判断某个板块的趋势是否发生了明确的趋势逆转，就是从该板块中选择出两只股票，并把它们的价格运动组合在一起，就可以得到我所说的“组合价格”。我发现，某只单一的股票有时会有一个大的趋势，大到我可以将其价格记入上升趋势或下降趋势这一列。但仅仅依靠一只股票，会导致将整个板块的趋势判断错误的风险；因此将两只股票的价格运动组合起来就会更安全一些。所以，一轮趋势的明确逆转需要通过“组合价格”的行为变化才能得到验证。

让我来阐述一下“组合价格”的方法。虽然要严格坚持运用以6个点的运动幅度作为判断基础，但是你会发现，在我实际的记录中，即使美国钢铁公司的价格运动只达到了5⅛个点，我有时也将其价格记入表格当中，因为你会发现伯利恒钢铁公司的股价相应运动了7个点。也就是说，把这两只股票价格的运动幅度加在一起就构成了“组合价格”。这时的“组合价格”加起来是12点或多一点点，达到了规则要求的6点运

① 译注：中文版采用加粗字体表示。

动幅度。

每当股价运动达到了记录点——即两只股票平均都运动了 6 个点——我都持续将之后任何一天创造的新极端价格（新高或者新低）记录在同一列中：在上升趋势中，只要有新的高点出现就在同一列中记录；在下降趋势中，只要有新的低点出现也记录在同一列中，直到趋势开始发生逆转。对于随后相反方向运动的行情记录，同样也以平均 6 个点，或者“组合价格”合计 12 个点作为判断标准。

你会注意到，从那之后，我的行情记录从来没有偏离过这些价格幅度，从来都没有例外。即使结果跟我的预期并不十分吻合，我也不会找借口。请记住，我做的行情记录中的价格并不是我的价格，我决定不了价格，这些价格点都是由每天交易中的实际价格决定的。

如果我说从一开始，我就找到了以什么样的价格波动幅度作为行情记录的基础，这会显得太自以为是了，也容易误导别人，更重要的是显得我不诚实。我只能说在多年的观察与检验之后，我感觉自己得到一个近似的价格幅度，可以作为行情记录的基础。从这些行情记录当中，投机者将想象出一幅地图，帮助他确定一轮重要市场运动的来临。

有人说，成功在于当机立断。

当然，这个交易模式能否成功取决于当行情记录告诉你该行动时，你是否能当机立断、立即采取相应的操作。你没有丝毫犹豫的空间，你必须训练你的思维跟得上股价的变动。如果你要等到别人给你解释，告诉你为什么，或者等待市场再次确认，操作的时机早就溜走了。

举个例子：在市场所有股票都出现了迅速上涨后，欧洲战争爆发了，整个市场出现了正常回调。随后，四大主力板块的所有股票都收复了失地，并且创出了新高——除了钢铁股板块。任何一个采用我的方法保持行情记录的人，应该都会非常关注钢铁股板块的表现。此时钢铁股板块没有跟随其他板块的股票在正常回调后继续上涨，一定有非常充分的理由。肯定有什么充分的理由！只是当时我不知道理由究竟是什么而已。我也不相信有人在这个时候能够给出合理的解释。然而，通过钢铁股板块的市场表现，任何一个做过行情记录的人都会意识到钢铁板块的上涨趋势已经到尽头。直到 1940 年 1 月中旬，也就是 4 个月之后，公众才知道真相，钢铁股板块的表现才得以解释。因为 4 个月后发表了一条公告，公告显示英国政府减持了超过 10 万股的美国钢铁股，而且，加拿大政府也卖出了 2 万股。当该公告发表时，美国钢铁比它 1939 年 9 月创出的高点低了 26 个点，伯利恒钢铁则低了 29 个点。相对钢铁股板块同一时期创出的高点来看，其他三个主力板块的股价只跌了 2½～12¾个点。这个例子证明了，应该立即行动的时候，你却还在试图找出一个应该买卖某只股票的充分理由，是多么的愚蠢。如果你要等到理解了确切的理由再行动，你早就错失了抓住时机、立即操作的机会！投资者和投机者唯一的理由就是：这是市场本身的行为。无论市场表现不对头还是表现正常——这个理由都足应该让你改变并且立即改变你的观点。记住：如果某只股票出现某种表现，一定有它的理由。同时也要记住：有可能你直到未来的某一天才能知道该股价变动的理由，但是一切都为时已晚，再想从中获得利润就已经太迟了。

我再重复一次，我所运用的规则不会提供具体的点位，明确地告诉你在一个重要的市场运动中出现规模相对较小的股价波动时，什么时候可以进行额外的交易。该规则的目的是让你抓住重要的市场运动，重点是在于指出重要的市场运动的开始和结束。就这个目的来说，你会发现，如果忠实地遵循这个规则，它是非常有价值的。或许还应该指出的是，这个规则主要针对那些股价大概在 30 美元之上的活跃股。尽管这个规则适合预测所有股票的未来市场行为，但在考虑股价较低的股票时，应该对该规则做适当的调整。

这个规则没什么复杂的，只要你真正感兴趣，各个方面都可以很迅速地消化吸收，会很容易弄懂。

下一章会给出我所做的行情记录的复印版，同时还给出了如何按照我的规则进行行情记录的详细说明。

第九章　规则说明

1. 在上升趋势一列记录股价时用黑色墨水笔。

2. 在下跌趋势一列记录股价时用红色墨水笔。

3. 其他四列用铅笔记录股价。

4. (a) 记入数据到自然回调一列的第一天，在上升趋势一列的最后一个价格下画红线。在第一次回调到距离上升趋势一列中最后那个价格大约 6 个点时，开始记入自然回调一列。

(b) 记入数据到自然回升或上升趋势一列的第一天，在自然回调一列的最后一个价格下画红线。在第一次回升到距离自然回调一列中最后那个价格大约 6 个点时，开始记入自然回升或上升趋势一列。

现在你就有了两个关键点可以观察。依据价格如何被记录的形式，当市场回到其中一个关键点附近的时候，你就能够得出一个观点：**究竟是要真的恢复先前的明确趋势还是行情已经结束了。**

(c) 记入数据到自然回升一列的第一天，在下跌趋势一列的最后一个价格下画黑线。在第一次回升到距离下跌趋势一列中最后那个价格大约 6 个点时，开始记入自然回升一列。

(d) 记入数据到自然回调或下跌趋势一列的第一天，在自然回升一列的最后一个价格下画黑线。在第一次回调到距离自然回升一列中最后那个价格大约 6 个点时，开始记入自然回调或下跌趋势一列。

5.（a）在股价记入自然回升一列的过程中，当价格比上次记入自然回升一列中的最后价格（下面画黑线那个价格）高出 3 个或更多个点时，将这个价格以黑色墨水笔记入上升趋势一列。

（b）在股价记入自然回调一列的过程中，当价格比上次记入自然回调一列中的最后价格（下面画红线那个价格）低出 3 个或更多个点时，将这个价格以红色墨水笔记入下跌趋势一列。

6.（a）在你一直将价格记入上升趋势一列之后，若出现了大约 6 个点的回调，就要开始把价格记入自然回调一列。在回调过程中，即使股价比上一次自然回调一列中最后记录的价格还要低之后，仍然持续这么做。

（b）在你一直将价格记入自然回升一列之后，若出现了大约 6 个点的回调，就要开始把价格记入自然回调一列。在回调过程中，即使股价比上一次自然回调一列中最后记录的价格还要低之后，仍然持续这么做。如果出现了比下跌趋势一列中最后记入的价格还要低的价格，就要将价格记入下跌趋势一列。

（c）在你一直将价格记入下跌趋势一列之后，若出现了大约 6 个点的回升，就要开始把价格记入自然回升一列。在回升过程中，即使股价比上一次自然回升一列中最后记录的价格还要高之后，仍然持续这么做。

（d）在你一直将价格记入自然回调一列之后，若出现了大约 6 个点的回升，就要开始把价格记入自然回升一列。在回升过程中，即使股价比上一次自然回升一列中最后记录的价格还要高之后，仍然持续这么做。如果出现了比上升趋势一列中最后记入的价格还要高的价格，那么将价格记入上升趋势一列。

(e) 当你开始在自然回调一列记入数据时，如果出现了比下跌趋势一列中最后记入的价格还低的价格——将该价格以红色墨水笔记入下跌趋势一列。

(f) 同样，当你在自然回升一列记入数据时，若出现了比上涨趋势一列中最后记入的价格还高的价格——停止将股价记入自然回升一列，将该价格以黑色墨水笔记入上涨趋势一列。

(g) 当你一直将股价记入自然回调一列时，如果出现了距离该自然回调一列最后记入的价格大约 6 个点的回升——但回升后的价格没有超过自然回升一列最后记入的价格——就将该价格记入次级回升一列，并且持续这么做，直到出现价格超过了自然回升一列最后记入的价格。当出现这样的价格时，应该又开始把价格记入自然回升一列。

(h) 当你一直将股价记入自然回升一列时，如果出现了大约 6 个点的回调，但是回调后的价格没有低于自然回调一列最后记入的价格——就将该价格应该记入次级回调一列，并且持续这么做，直到出现一个价格低于自然回调一列最后记入的价格。当出现这样的价格时，应该又开始把价格记入自然回调一列。

7. 在以“组合价格”进行记录时，适用同样的规则——除了以 12 点作为运动幅度的基础，而不是单一股票中运用的 6 个点。

8. 一旦你开始将价格记入自然回升或自然回调一列，上涨趋势或下跌趋势中最后记入的价格就变成了“关键价格”。在一次回升或回调结束之后，又要开始将价格记入相反的一列，并且之前一列里的极端价格此时就变成了另一个“关键价格”。

当价格到达两个“关键点”之后，这些记录开始在帮助你预测下一个重要趋势方面会起到巨大的指引。通过以红色或黑色墨水笔在这些“关键点”下面画双线，可以引起你的注意。画线是专门为了让这些关键价格引起你的注意，当记入的价格靠近或恰好等于这些关键价格时，你就应该密切注视着。你的行动决策就依赖于在这之后股价是被记录在哪一列的。

9.（a）当你看见在下跌趋势一列中最后以红色墨水笔记入的数据下面画了黑线时——那么在这个价格附近，你可能会收到一个买入信号。

（b）当自然回升一列中的某个价格下画了黑线，如果该股下一次回升到了这个关键价格附近，那么这时你应该确定市场是否足够强劲，明确是否要逆转趋势，进入上升趋势一列。

（c）当你看见上涨趋势一列以及自然回调一列最后记入的价格下面画了红线时，表示趋势是真的要逆转了。

10.（a）整套方法的目的是，让投机者清楚地看出某只股票在第一轮正常回升或正常回调之后，是否像它应该表现的那样。如果趋势将会重新以一种正面的方式开始——无论是上升或下降——它都会超越它之前的关键点——单一股票是穿越 3 个点，“组合价格”超越 6 个点。

（b）如果股票表现并非如上所述——而是在一轮回调中跌到了上一个关键点（记录在上升趋势中的下面画红线那个价格）之下 3 个点或者更多，这表明该股的上升趋势已经终止了。

（c）将该规则运用到下跌趋势中：在一次正常回升结束之后，如果该下跌趋势将会重新开始的话，那么每当新的股价被记入下跌趋势一列时，这些记入的价格都必须比上一个关键点（下面画黑线的那个价格）低 3 个点或者更多。

（d）如果股价表现并非如上所述，而是在一轮回升中升到了上一个关键点（记录在下跌趋势中的下面画黑线那个价格）之上 3 个点或者更多，这表明该股的下跌趋势已经终止了。

（e）当记入自然回升一列中时，如果在上升趋势一列中的最后一个关键价格（下面画红线那个价格）下面一定距离，回升就结束了，并且股票在该点还回调了 3 个点或者更多，那么这是一个危险信号，表明该股的上升趋势已经终止。

(f) 当记入自然回调一列中时，如果在下跌趋势一列中的最后一个关键价格（下面画黑线那个价格）上面一定距离，回调就结束了，并且股票在该点还回升了 3 个点或者更多，那么这是一个危险信号，表明该股的下跌趋势已经终止。

第十章　利弗莫尔投机交易要诀——图表详解[①]

① 译注：本章是利弗莫尔亲自按照自己的方法记录的原件。由于本中文版采用单色印刷，不能用颜色来显示不同的价格记录。为了更好复原原始的记录，根据利弗莫尔的规则，特设计了本章采用的图表。①所有类型的价格下行，均用灰底表示。②日期栏中，有灰底的日期代表了星期六。③加粗的字体代表了规则中的红色或黑色墨水记录。④图表中的数据与文字说明大致对应。⑤修正了原始图形中的明显笔误。

4 月 2 日，依据规则 6（b）开始把价格记录在自然回升列，并根据规则 4（c）在下降趋势列中最后一个价位画上黑线。

4 月 28 日，根据规则 4（d）把价格记录在自然回调列。

表 1

	次级回升	自然回升	上升趋势	下跌趋势	自然回调	次级回调	次级回升	自然回升	上升趋势	下跌趋势	自然回调	次级回调	次级回升	自然回升	上升趋势	下跌趋势	自然回调	次级回调
	↑	⇑	⬆	⬇	⇓	↓	↑	⇑	⬆	⬇	⇓	↓	↑	⇑	⬆	⬇	⇓	↓
	美国钢铁（U. S. STEEL）						伯利恒钢铁（BETHLEHEM STEEL）						组合价格（KEY PRICE）					
		65¾							**57**						**122¾**			
				48½							43¼					**91¾**		
		62⅛							**65⅞**						**128**			
				48¼							50⅛						98⅜	
1938								56⅞										
3 月 23 日				**47**								50¼					97½	
24 日																		
25 日				**44¾**						**46¾**						**91½**		
26 日				**44**						**46**						**90**		
28 日				**43⅝**												**89⅝**		
29 日				**39⅝**						**43**						**82⅝**		
30 日				**39**						**42⅛**						**81⅛**		
31 日				**38**						**40**						**78**		
4 月 1 日																		
2 日		43½						46⅜						89⅞				
4 日																		
5 日																		
6 日																		
7 日																		
8 日																		
9 日		46½						49¾						96¼				
11 日																		
12 日																		
13 日		47¼												97				
14 日		47½												97¼				
15 日																		
16 日		49						52						101				
18 日																		
19 日																		
20 日																		
21 日																		
22 日																		
23 日																		
25 日																		
26 日																		
27 日																		
28 日					43													
29 日					42⅜						45						87⅜	
30 日																		
5 月 2 日					41½						44¼						85¾	
3 日																		
4 日																		

所有这些价格记录都是从上一页承接下来的，目的在于让你永远关注这些关键点。

5月5～21日期间没有进行价格记录，原因在于期间的价格没有任何一次低于自然回调列中最后的价位，也就是没有出现值得记录的反弹。

5月27日，根据规则6（c），伯利恒钢铁要使用红墨水记录，因为出现了比下跌趋势列中前一个价格更低的价位。

6月2日，根据规则10（c）和10（d），伯利恒钢铁在43美元形成买进点。同一天，根据规则10（f）美国钢铁在42¼形成买进点。

6月10日，根据规则6（e），伯利恒钢铁的价格记录在次级回升列。

表 2

	次级回升	自然回升	上升趋势	下跌趋势	自然回调	次级回调	次级回升	自然回升	上升趋势	下跌趋势	自然回调	次级回调	次级回升	自然回升	上升趋势	下跌趋势	自然回调	次级回调
	↑	⇑	⬆	⬇	⇓	↓	↑	⇑	⬆	⬇	⇓	↓	↑	⇑	⬆	⬇	⇓	↓
	美国钢铁（U. S. STEEL）						伯利恒钢铁（BETHLEHEM STEEL）						组合价格（KEY PRICE）					
				38						**40**						**78**		
		49						52						101				
1938					41½						44¼						85¾	
5月5日																		
6日																		
7日																		
9日																		
10日																		
11日																		
12日																		
13日																		
14日																		
16日																		
17日																		
18日																		
19日																		
20日																		
21日																		
23日											44⅛						85⅝	
24日											43½						85	
25日					41⅜						42½						83⅞	
26日					40⅛						40½						80⅝	
27日					39⅞					**39¾**							79⅝	
28日																		
30日																		
31日					39¼												79	
6月1日																		
2日																		
3日																		
4日																		
6日																		
7日																		
8日																		
9日																		
10日							46½											
11日																		
13日																		
14日																		
15日																		
16日																		

6 月 20 日，根据规则 6（g），美国钢铁的价格记录在次级回升列。

6 月 24 日，根据规则 5（a），美国钢铁和伯利恒钢铁的价格用黑色墨水记录在上升趋势列。

7 月 11 日，根据规则 6（a）和 4（a），美国钢铁和伯利恒钢铁的价格记录在自然回调列。

7 月 19 日，根据规则 4（b），美国钢铁的价格用黑色墨水记录在上涨趋势列，原因在于出现了比上涨趋势列前一个价格更高的价位。

表 3

	次级回升	自然回升	上升趋势	下跌趋势	自然回调	次级回调	次级回升	自然回升	上升趋势	下跌趋势	自然回调	次级回调	次级回升	自然回升	上升趋势	下跌趋势	自然回调	次级回调
	↑	⇑	⬆	⬇	⇓	↓	↑	⇑	⬆	⬇	⇓	↓	↑	⇑	⬆	⬇	⇓	↓
	美国钢铁（U. S. STEEL）						伯利恒钢铁（BETHLEHEM STEEL）						组合价格（KEY PRICE）					
				38						**40**						**78**		
		49						52						101				
					39¼					**39¾**							79	
1938							46½											
6月17日																		
18日																		
20日	45⅜						48¼						93⅝					
21日	46½						49⅞						96⅜					
22日	48½						50⅞						99⅜					
23日		51¼						53¼						104½				
24日			**53¾**						**55⅛**						**108⅞**			
25日			**54⅞**						**58⅛**						**113**			
27日																		
28日																		
29日			**56⅞**						**60⅛**						**117**			
30日			**58⅜**						**61⅝**						**120**			
7月1日			**59**												**120⅝**			
2日			**60⅞**						**62½**						**123⅜**			
4日																		
5日																		
6日																		
7日			**61¾**												**124¼**			
8日																		
9日																		
11日					55⅝						56¾						112⅜	
12日					55½												112¼	
13日																		
14日																		
15日																		
16日																		
18日																		
19日			**62⅜**						**63⅛**						**125½**			
20日																		
21日																		
22日																		
23日																		
25日			**63¼**												**126⅜**			
26日																		
27日																		
28日																		
29日																		

8 月 12 日，美国钢铁的价格记录在次级回调列，原因在于此时出现的价位并不低于自然回调列中前一个价格。同一天，伯利恒钢铁的价格记录在自然回调列，因为此时出现的价位低于了自然回调列中前一个价格。

8 月 24 日，根据规则 6（d）美国钢铁和伯利恒钢铁的价格记录在自然回升列。

8 月 29 日，根据规则 6（h），美国钢铁和伯利恒钢铁的价格记录在次级回调列。

表 4

	次级回升	自然回升	上升趋势	下跌趋势	自然回调	次级回调	次级回升	自然回升	上升趋势	下跌趋势	自然回调	次级回调	次级回升	自然回升	上升趋势	下跌趋势	自然回调	次级回调
	↑	⇑	⬆	⬇	⇓	↓	↑	⇑	⬆	⬇	⇓	↓	↑	⇑	⬆	⬇	⇓	↓
	美国钢铁（U. S. STEEL）						伯利恒钢铁（BETHLEHEM STEEL）						组合价格（KEY PRICE）					
			61¾						**62½**						**124¼**			
					55½						56¾						112¼	
			63¼						**63⅛**						**126⅜**			
1938																		
7月30日																		
8月1日																		
2日																		
3日																		
4日																		
5日																		
6日																		
8日																		
9日																		
10日																		
11日																		
12日						56⅝					54⅞						111½	
13日						56½					54⅝						111⅛	
15日																		
16日																		
17日																		
18日																		
19日																		
20日																		
22日																		
23日																		
24日		61⅝						61⅜						123				
25日																		
26日		61⅞						61½						123⅜				
27日																		
29日						56⅛						55						
30日																		
31日																		
9月1日																		
2日																		
3日																		
5日																		
6日																		
7日																		
8日																		
9日																		
10日																		

9 月 14 日，根据规则 5（b），美国钢铁的价格记录在下降趋势列。同一天，伯利恒钢铁的价格记录在自然回调列。由于此时的价位比没有到达自然回调列前一个画红线价格下方 3 个点，因此价格仍然记录在自然回调列。9 月 20 日，美国钢铁根据规则 6（c），价格记录在自然回升列；伯利恒钢铁根据规则 6（d），价格记录在自然回升列。

9 月 24 日，美国钢铁的价格用红色墨水记录在下降趋势列，并作为这一列的新价格。

9 月 29 日，根据规则 6（g），美国钢铁和伯利恒钢铁的价格记录在次级回升列。

10 月 5 日，根据规则 5（a），美国钢铁的价格用黑色墨水记录在上涨趋势列。

10 月 8 日，根据规则 6（d），伯利恒钢铁的价格用黑色墨水记录在上涨趋势列。

表 5

	次级回升	自然回升	上升趋势	下跌趋势	自然回调	次级回调	次级回升	自然回升	上升趋势	下跌趋势	自然回调	次级回调	次级回升	自然回升	上升趋势	下跌趋势	自然回调	次级回调
	↑	⇑	⬆	⬇	⇓	↓	↑	⇑	⬆	⬇	⇓	↓	↑	⇑	⬆	⬇	⇓	↓
	美国钢铁（U. S. STEEL）						伯利恒钢铁（BETHLEHEM STEEL）						组合价格（KEY PRICE）					
			63¼						**63⅛**						**126⅝**			
					55½						54⅜						111⅛	
								61½						123⅜				
		61⅞																
1938						56⅛						55						
9月12日																		
13日					54¼						53⅝						107⅞	
14日				**52**							52½					**104½**		
15日																		
16日																		
17日																		
19日																		
20日		57⅝						58¼										
21日		58												116¼				
22日																		
23日																		
24日				**51⅞**							52					**103⅞**		
26日				**51⅛**							51¼					**102⅜**		
27日																		
28日				**50⅞**							51					**101⅞**		
29日	57⅛						57¾						114⅞					
30日		59¼						59½						118¾				
10月1日		60¼						60						120¼				
3日		60⅜						60⅜						120¾				
4日																		
5日			**62**					62							**124**			
6日			**63**					63							**126**			
7日																		
8日			**64¼**						**64**						**128¼**			
10日																		
11日																		
12日																		
13日			**65⅜**						**65⅛**						**130½**			
14日																		
15日																		
17日																		
18日																		
19日																		
20日																		
21日																		
22日			**65⅞**						**67½**						**133⅜**			
24日			**66**												**133½**			

11 月 18 日，根据规则 6（a），美国钢铁和伯利恒钢铁的几个记录在自然回调列。

表 6

	次级回升	自然回升	上升趋势	下跌趋势	自然回调	次级回调	次级回升	自然回升	上升趋势	下跌趋势	自然回调	次级回调	次级回升	自然回升	上升趋势	下跌趋势	自然回调	次级回调
	↑	⇑	⬆	⬇	⇓	↓	↑	⇑	⬆	⬇	⇓	↓	↑	⇑	⬆	⬇	⇓	↓
	美国钢铁（U. S. STEEL）						伯利恒钢铁（BETHLEHEM STEEL）						组合价格（KEY PRICE）					
1938			**66**						**67½**						**133½**			
10月25日			**66⅛**						**67⅞**						**134**			
26日																		
27日			**66½**						**68⅞**						**135⅜**			
28日																		
29日																		
31日																		
11月1日									**69**						**135½**			
2日																		
3日									**69½**						**136**			
4日																		
5日																		
7日			**66¾**						**71⅞**						**138⅝**			
9日			**69½**						**75⅜**						**144⅞**			
10日			**70**						**75½**						**145½**			
12日			**71¼**						**77⅝**						**148⅞**			
14日																		
15日																		
16日																		
17日																		
18日					65⅛						71⅞						137	
19日																		
21日																		
22日																		
23日																		
24日																		
25日																		
26日					63¼						71½						134¾	
28日					61						68¾						129¾	
29日																		
30日																		
12月1日																		
2日																		
3日																		
5日																		
6日																		
7日																		
8日																		

12 月 14 日，根据规则 6（d），美国钢铁和伯利恒钢铁的价格记录在自然回升列。

12 月 28 日，伯利恒钢铁的价格用黑色墨水记录在上涨趋势列，因为此时的价位高于上涨趋势列中前一次价格。

1 月 4 日，根据规则 10（a），按照利弗莫尔的交易模式表明市场的下一轮趋势已经开始了。

1 月 12 日，根据规则 6（h），美国钢铁和伯利恒钢铁的价格记录在次级回调列。

表 7

	次级回升	自然回升	上升趋势	下跌趋势	自然回调	次级回调	次级回升	自然回升	上升趋势	下跌趋势	自然回调	次级回调	次级回升	自然回升	上升趋势	下跌趋势	自然回调	次级回调
	↑	⇑	⬆	⬇	⇓	↓	↑	⇑	⬆	⬇	⇓	↓	↑	⇑	⬆	⬇	⇓	↓
	美国钢铁（U. S. STEEL）						伯利恒钢铁（BETHLEHEM STEEL）						组合价格（KEY PRICE）					
			71¼						**77⅝**						**148⅞**			
					61						68¾						129¾	
1938																		
12 月 9 日																		
10 日																		
12 日																		
13 日																		
14 日		66⅝						75¼						141⅞				
15 日		67⅛						76⅜						143½				
16 日																		
17 日																		
19 日																		
20 日																		
21 日																		
22 日																		
23 日																		
24 日																		
27 日																		
28 日		67¾							**78**					145¾				
29 日																		
30 日																		
31 日																		
1939																		
1 月 3 日																		
4 日		70							**80**						**150**			
5 日																		
6 日																		
7 日																		
9 日																		
10 日																		
11 日												73¾						
12 日						62⅝						71½						134⅛
13 日																		
14 日																		
16 日																		
17 日																		
18 日																		
19 日																		
20 日																		
21 日						62						69½						131½

1 月 23 日，根据规则 5（b），美国钢铁和伯利恒钢铁的价格记录在下降趋势列。

1 月 31 日，根据规则 6（c）和 4（c），美国钢铁和伯利恒钢铁的价格记录在自然回升列。

表 8

	次级回升 ↑	自然回升 ⇑	上升趋势 ⬆	下跌趋势 ⬇	自然回调 ⇓	次级回调 ↓	次级回升 ↑	自然回升 ⇑	上升趋势 ⬆	下跌趋势 ⬇	自然回调 ⇓	次级回调 ↓	次级回升 ↑	自然回升 ⇑	上升趋势 ⬆	下跌趋势 ⬇	自然回调 ⇓	次级回调 ↓
	美国钢铁（U. S. STEEL）						伯利恒钢铁（BETHLEHEM STEEL）						组合价格（KEY PRICE）					
			71¼						**77⅝**						**148⅞**			
					61						68¾						129¾	
		70							**80**						**150**			
1939						62						69½						131½
1月23日				**57⅞**						**63¾**						**121⅝**		
24日				**56½**						**63¼**						**119¾**		
25日				**55⅝**						**63**						**118⅝**		
26日				**53¼**						**60¼**						**113½**		
27日																		
28日																		
30日																		
31日		59½						68½						128				
2月1日																		
2日		60												128½				
3日																		
4日		60⅝						69						129⅝				
6日								69⅞						130¾				
7日																		
8日																		
9日																		
10日																		
11日																		
13日																		
14日																		
15日																		
16日								70¾						131⅝				
17日		61⅛						71¼						132⅜				
18日		61¼												132½				
20日																		
21日																		
23日																		
24日		62¼						72⅜						134⅝				
25日		63¾						74¾						138½				
27日																		
28日		64¾						75						139¾				
3月1日																		
2日																		
3日		64⅞						75¼						140				
4日								75½						140⅜				
6日																		
7日																		

3 月 16 日，根据规则 6（b），美国钢铁和伯利恒的价格记录在自然回调列。

3 月 30 日，美国钢铁的价格记录在下降趋势列，因为此时的价位低于下降趋势列中前一次价格。

3 月 31 日，伯利恒钢铁的价格记录在下降趋势列，因为此时的价位低于下降趋势列中前一次价格。

4 月 15 日，根据规则 6（c），美国钢铁和伯利恒钢铁的价格记录在自然回升列。

表 9

	次级回升	自然回升	上升趋势	下跌趋势	自然回调	次级回调	次级回升	自然回升	上升趋势	下跌趋势	自然回调	次级回调	次级回升	自然回升	上升趋势	下跌趋势	自然回调	次级回调
	↑	⇑	⬆	⬇	⇓	↓	↑	⇑	⬆	⬇	⇓	↓	↑	⇑	⬆	⬇	⇓	↓
	美国钢铁（U. S. STEEL）						伯利恒钢铁（BETHLEHEM STEEL）						组合价格（KEY PRICE）					
				53¼						**60¼**						**113½**		
1939		64⅛						75½						140⅜				
3月8日		65												140½				
9日		65½						75⅞						141⅜				
10日																		
11日																		
13日																		
14日																		
15日																		
16日					59⅝						69¼						128⅞	
17日					56¾						66¾						123½	
18日					54¾						65						119¾	
20日																		
21日																		
22日					53½						63⅝						117⅛	
23日																		
24日																		
25日																		
27日																		
28日																		
29日																		
30日				**52⅛**							62						114⅛	
31日				**49⅞**						**58¾**						**108⅝**		
4月1日																		
3日																		
4日				**48¼**						**57⅝**						**105⅞**		
5日																		
6日				**47¼**						**55½**						**102¾**		
7日				**44⅞**						**52½**						**97⅜**		
8日																		
10日																		
11日				**44⅜**						**51⅝**						**96**		
12日																		
13日																		
14日																		
15日		50						58½						108½				
17日																		
18日																		
19日																		

5 月 17 日，美国钢铁和伯利恒钢铁的价格记录在自然回调列；隔天的 5 月 18 日，根据规则 6（d），美国钢铁的价格记录在下跌趋势列；接下来的第三天 5 月 19 日，在伯利恒钢铁下降趋势列画上红线，含义是此时的价位与下降趋势列中前一个价格相同。

5 月 25 日，美国钢铁和伯利恒钢铁的价格记录在次级回升列。

表 10

	次级回升	自然回升	上升趋势	下跌趋势	自然回调	次级回调	次级回升	自然回升	上升趋势	下跌趋势	自然回调	次级回调	次级回升	自然回升	上升趋势	下跌趋势	自然回调	次级回调
	↑	⇑	⬆	⬇	⇓	↓	↑	⇑	⬆	⬇	⇓	↓	↑	⇑	⬆	⬇	⇓	↓
	美国钢铁（U. S. STEEL）						伯利恒钢铁（BETHLEHEM STEEL）						组合价格（KEY PRICE）					
				44⅜						**51⅝**						**96**		
1939		50						58½						108½				
4月20日																		
21日																		
22日																		
24日																		
25日																		
26日																		
27日																		
28日																		
29日																		
5月1日																		
2日																		
3日																		
4日																		
5日																		
6日																		
8日																		
9日																		
10日																		
11日																		
12日																		
13日																		
15日																		
16日																		
17日					44⅝						52						96⅝	
18日				**43¼**												**95¼**		
19日																**94⅞**		
20日																		
22日																		
23日																		
24日																		
25日	48¾						57¾						106½					
26日	49						58						107					
27日	49⅜												107⅞					
29日		50¼						59⅜						109⅝				
30日																		
31日		50⅞						60						110⅞				
6月1日																		

6 月 16 日，根据规则 6（b），伯利恒钢铁的价格记录在自然回调列。

6 月 28 日，根据规则 6（b），美国钢铁的价格记录在自然回调列。

6 月 29 日，伯利恒钢铁的价格记录在下降趋势列，因为此时的价位低于下降趋势列中前一次价格。

7 月 13 日，根据规则 6（g），美国钢铁和伯利恒钢铁的价格记录在次级回升列。

表 11

	次级回升	自然回升	上升趋势	下跌趋势	自然回调	次级回调	次级回升	自然回升	上升趋势	下跌趋势	自然回调	次级回调	次级回升	自然回升	上升趋势	下跌趋势	自然回调	次级回调
	↑	⇑	⬆	⬇	⇓	↓	↑	⇑	⬆	⬇	⇓	↓	↑	⇑	⬆	⬇	⇓	↓
	美国钢铁（U. S. STEEL）						伯利恒钢铁（BETHLEHEM STEEL）						组合价格（KEY PRICE）					
				44⅜						**51⅝**						**96**		
		50						58½						108½				
				43¼												**94⅞**		
1939		50⅞						60						110⅞				
6月2日																		
3日																		
5日																		
6日																		
7日																		
8日																		
9日																		
10日																		
12日																		
13日																		
14日																		
15日																		
16日											54							
17日																		
19日																		
20日																		
21日																		
22日																		
23日																		
24日																		
26日																		
27日																		
28日					45						52½						97½	
29日					43¾					**51**						**94¾**		
30日					43⅝					**50¼**						**93⅞**		
7月1日																		
3日																		
4日																		
5日																		
6日																		
7日																		
8日																		
10日																		
11日																		
12日																		
13日	48¼						57¼						105½					
14日																		

7 月 21 日，根据规则 5（a），伯利恒钢铁的价格记录在上涨趋势列；隔天的 7 月 22 日，美国钢铁的价格记录在上涨趋势列。

8 月 4 日，根据规则 4（a），美国钢铁和伯利恒钢铁的价格记录在自然回调列。

8 月 23 日，美国钢铁的价格记录在下降趋势列，

表 12

	次级回升	自然回升	上升趋势	下跌趋势	自然回调	次级回调	次级回升	自然回升	上升趋势	下跌趋势	自然回调	次级回调	次级回升	自然回升	上升趋势	下跌趋势	自然回调	次级回调
	↑	⇑	⬆	⬇	⇓	↓	↑	⇑	⬆	⬇	⇓	↓	↑	⇑	⬆	⬇	⇓	↓
	美国钢铁（U. S. STEEL）						伯利恒钢铁（BETHLEHEM STEEL）						组合价格（KEY PRICE）					
				43¼						**51⅝**						**94⅞**		
		50⅞						60						110⅞				
					43⅝					**50¼**						**93⅞**		
1939	48¼						57¼						105½					
7月15日																		
17日	50¾							60⅝						111⅛				
18日		51⅞						62						113⅞				
19日																		
20日																		
21日		52½							**63**					115½				
22日			**54⅛**						**65**						**119⅛**			
24日																		
25日			**55⅛**						**65¾**						**120⅞**			
26日																		
27日																		
28日																		
29日																		
31日																		
8月1日																		
2日																		
3日																		
4日					49½						59½						109	
5日																		
7日					49¼												108¾	
8日																		
9日											59						108¼	
10日					47¾						58						105¾	
11日					47												105	
12日																		
14日																		
15日																		
16日																		
17日					46½												104½	
18日					45						55⅛						100⅛	
19日																		
21日					43⅜						53⅜						96¾	
22日																		
23日				**42⅝**													96	
24日				**41⅝**							51⅞					**93½**		
25日																		

8 月 29 日，根据规则 6（d），美国钢铁和伯利恒钢铁的价格记录在自然回升列。

9 月 2 日，美国钢铁和伯利恒钢铁的价格记录在上涨趋势列，因为此时的价位高于上涨趋势列中前一次价格。

9 月 14 日，根据规则 6（a）和 4（a），美国钢铁和伯利恒钢铁的价格记录在自然回调列。

9 月 19 日，根据规则 6（d）和 4（b），美国钢铁和伯利恒钢铁的价格记录在自然回升列。

9 月 28 日，根据规则 6（h），美国钢铁和伯利恒钢铁的价格记录在次级回调列。

10 月 6 日，根据规则 6（g），美国钢铁和伯利恒钢铁的价格记录在次级回升列。

表 13

	次级回升	自然回升	上升趋势	下跌趋势	自然回调	次级回调	次级回升	自然回升	上升趋势	下跌趋势	自然回调	次级回调	次级回升	自然回升	上升趋势	下跌趋势	自然回调	次级回调
	↑	⇑	⬆	⬇	⇓	↓	↑	⇑	⬆	⬇	⇓	↓	↑	⇑	⬆	⬇	⇓	↓
	美国钢铁（U. S. STEEL）						伯利恒钢铁（BETHLEHEM STEEL）						组合价格（KEY PRICE）					
				43¼						**50¼**						**93⅞**		
			55⅛						**65¾**						**120⅞**			
1939				**41⅝**							51⅞					**93½**		
8月26日																		
28日																		
29日		48						60½						108½				
30日																		
31日																		
9月1日		52						65½						117½				
2日			**55¼**						**70⅜**						**125⅝**			
4日																		
5日			**66⅞**						**85½**						**152⅜**			
6日																		
7日																		
8日			**69¾**						**87**						**156¾**			
9日			**70**						**88¾**						**158¾**			
11日			**78⅝**						**100**						**178⅝**			
12日			**82¾**												**182¾**			
13日																		
14日					76⅜						91¾						168⅛	
15日																		
16日					75½						88⅜						163⅞	
18日					70½						83¾						154¼	
19日		78						92⅜						170⅜				
20日		80⅝						95⅝						176¼				
21日																		
22日																		
23日																		
25日																		
26日																		
27日																		
28日						75⅛						89						164⅛
29日						73½						86¾						160¼
30日																		
10月2日																		
3日																		
4日						73						86¼						159¼
5日																		
6日	78½						92¾						171¼					
7日																		

11 月 3 日，美国钢铁的价格记录在次级回调列，因为此时的价位低于次级回调列中前一个价格。

11 月 9 日，美国钢铁在自然回调列中画了一个破折号（注：显示为横线），原因就是此时的价位与自然回调列中的前一个价格相同。就在同一天，伯利恒钢铁在自然回调列中记录了一个新的价格，因为此时的价位低于自然回调列中前一个价格。

表 14

	次级回升	自然回升	上升趋势	下跌趋势	自然回调	次级回调	次级回升	自然回升	上升趋势	下跌趋势	自然回调	次级回调	次级回升	自然回升	上升趋势	下跌趋势	自然回调	次级回调
	↑	⇑	⬆	⬇	⇓	↓	↑	⇑	⬆	⬇	⇓	↓	↑	⇑	⬆	⬇	⇓	↓
	美国钢铁（U. S. STEEL）						伯利恒钢铁（BETHLEHEM STEEL）						组合价格（KEY PRICE）					
			82¾						**100**						**182¾**			
					70½						83¾						154¼	
		80⅝						95⅝						176¼				
						73						86¼						159¼
1939	78½						92¾						171¼					
10月9日																		
10日																		
11日																		
13日																		
14日																		
16日																		
17日	78⅞						93⅞						172¾					
18日	79¼												173½					
19日																		
20日																		
21日																		
23日																		
24日																		
25日																		
26日																		
27日																		
28日																		
30日																		
31日																		
11月1日																		
2日																		
3日						72½												
4日																		
6日																		
8日						72⅛						86⅛						158¼
9日					——						83¼						153¾	
10日					68¾						81¾						150½	
13日																		
14日																		
15日																		
16日																		
17日																		
18日																		
20日																		
21日																		
22日																		

11 月 24 日，根据规则 6（e），美国钢铁的价格记录在下降趋势列。隔天的 11 月 25 日，根据规则 6（e），伯利恒钢铁的价格记录在下降趋势列。

12 月 7 日，根据规则 6（c），美国钢铁和伯利恒钢铁的价格记录在自然回升列。

表 15

	次级回升	自然回升	上升趋势	下跌趋势	自然回调	次级回调	次级回升	自然回升	上升趋势	下跌趋势	自然回调	次级回调	次级回升	自然回升	上升趋势	下跌趋势	自然回调	次级回调
	↑	⇑	⬆	⬇	⇓	↓	↑	⇑	⬆	⬇	⇓	↓	↑	⇑	⬆	⬇	⇓	↓
	美国钢铁（U. S. STEEL）						伯利恒钢铁（BETHLEHEM STEEL）						组合价格（KEY PRICE）					
			82¾						**100**						**182¾**			
					70½						83¾						154¼	
		80⅝						95⅝						176¼				
1939					68¾						81¾						150½	
11月24日				**66⅞**							81					**147⅞**		
25日										**80¾**						**147⅝**		
27日																		
28日																		
29日				**65⅞**						**78⅛**						**144**		
30日				**63⅝**						**77**						**140⅝**		
12月1日																		
2日																		
4日																		
5日																		
6日																		
7日		69¾						84						153¾				
8日																		
9日																		
11日																		
12日																		
13日																		
14日								84⅞						154⅝				
15日																		
16日																		
18日																		
19日																		
20日																		
21日																		
22日																		
23日																		
26日																		
27日																		
28日																		
29日																		
30日																		
1940																		
1月2日																		
3日																		
4日																		
5日																		
6日																		

1月9日，根据规则6（b），美国钢铁和伯利恒钢铁的价格记录在自然回调列。

1月11日，美国钢铁和伯利恒钢铁的价格记录在下降趋势列，因为此时的价位低于下降趋势列中前一次价格。

2月7日，伯利恒钢铁的价格记录在自然回升列，这是满足了回升6个点要求的第一天。接下来的一天，美国钢铁，以及美国钢铁加上伯利恒钢铁的组合价格也回升到了满足可以记录的要求，因此都记录在自然回升列。

表 16

	次级回升	自然回升	上升趋势	下跌趋势	自然回调	次级回调	次级回升	自然回升	上升趋势	下跌趋势	自然回调	次级回调	次级回升	自然回升	上升趋势	下跌趋势	自然回调	次级回调
	↑	⇑	⬆	⬇	⇓	↓	↑	⇑	⬆	⬇	⇓	↓	↑	⇑	⬆	⬇	⇓	↓
	美国钢铁（U. S. STEEL）						伯利恒钢铁（BETHLEHEM STEEL）						组合价格（KEY PRICE）					
				63⅝						**77**						**140⅝**		
1940		69¾						84⅞						154⅝				
1月8日																		
9日					64¼						78½						142¾	
10日					63¾												142¼	
11日				**62**						**76½**						**138½**		
12日				**60⅛**						**74⅛**						**134¼**		
13日				**59⅝**						**73½**						**133⅛**		
15日				**57½**						**72**						**129½**		
16日																		
17日																		
18日				**56⅞**						**71½**						**128⅜**		
19日										**71**						**127⅞**		
20日																		
22日				**55⅞**						**70⅛**						**126**		
23日																		
24日																		
25日																		
26日																		
27日																		
29日																		
30日																		
31日																		
2月1日																		
2日																		
3日																		
5日																		
6日																		
7日								76⅜										
8日		61						78						139				
9日		61¾						79½						141¼				
10日																		
13日																		
14日																		
15日																		
16日					56⅛													
17日																		
19日																		

LIVERMORE